# Ensino de música para pessoas com o Transtorno do Espectro do Autismo

EDITORA AFILIADA

*Coordenador do Conselho Editorial de Educação*
Marcos Cezar de Freitas

*Conselho Editorial de Educação*
José Cerchi Fusari
Marcos Antonio Lorieri
Marli André
Pedro Goergen
Terezinha Azerêdo Rios
Valdemar Sguissardi
Vitor Henrique Paro

**Dados Internacionais de Catalogação na Publicação (CIP)**
**(Câmara Brasileira do Livro, SP, Brasil)**

---

Asnis, Valéria Peres
  Ensino de música para pessoas com o transtorno do espectro do autismo / Valéria Peres Asnis, Nassim Chamel Elias. — São Paulo : Cortez, 2019.

  Bibliografia.
  ISBN 978-85-249-2735-5

  1. Educação especial 2. Educação musical 3. Interação musical 4. TEA (Transtorno do Espectro Autista) I. Elias, Nassim Chamel. II. Título.

19-27403                                                         CDD-372.87

---

**Índices para catálogo sistemático:**
  1. Pessoas com Transtorno do Espectro do Autismo :
     Educação musical 372.87

Iolanda Rodrigues Biode - Bibliotecária - CRB-8/10014

Valéria Peres Asnis
Nassim Chamel Elias

# Ensino de música para pessoas com o Transtorno do Espectro do Autismo

São Paulo – SP

2019

ENSINO DE MÚSICA PARA PESSOAS COM O TRANSTORNO DO
ESPECTRO DO AUTISMO
Valéria Peres Asnis • Nassim Chamel Elias

*Capa*: de Sign Arte Visual
*Preparação de originais*: Ana Paula Luccisano
*Revisão*: Maria de Lourdes de Almeida
*Diagramação*: Linea Editora
*Coordenação editorial*: Danilo A. Q. Morales

Nenhuma parte desta obra pode ser reproduzida ou duplicada
sem autorização expressa dos autores e do editor.

© 2019 by Autores

Direitos para esta edição
CORTEZ EDITORA
R. Monte Alegre, 1074 — Perdizes
05014-001 — São Paulo-SP
Tel.: +55 11 3864 0111 / 3611 9616
cortez@cortezeditora.com.br
www.cortezeditora.com.br

Impresso no Brasil — setembro de 2019

*Hoje de manhã saí muito cedo,*
*Por ter acordado ainda mais cedo*
*E não ter nada que quisesse fazer...*
*Não sabia que caminho tomar*
*Mas o vento soprava forte, varria para um lado,*
*E segui o caminho para onde o vento me soprava nas costas.*
*Assim tem sido sempre a minha vida,*
*e assim quero que possa ser sempre —*
*Vou onde o vento me leva e não me*
*Sinto pensar.*

(ALBERTO CAEIRO, *in Poemas inconjuntos*)

# Agradecimentos

Agradeço ao meu marido, Laerte Asnis, aos meus filhos, Gabriel e Yuri, e à minha querida mãe por acreditarem e apoiarem meus sonhos, decisões e toda minha trajetória acadêmica e profissional. Meu eterno amor e agradecimento.

Agradeço ao Prof. Dr. Nassim Chamel Elias por compartilhar comigo a escrita deste livro e por todo o caminho trilhado desde o início de meu doutorado até a realização deste sonho.

À Coordenação de Aperfeiçoamento de Pessoal de Nível Superior (CAPES) pelo apoio financeiro durante os quatro anos de estudo no Doutorado, o qual possibilitou também a realização do estágio-sanduíche no exterior, mais precisamente no Laboratório de Neuropsicofisiologia do Departamento de Psicologia da Universidade do Minho/Portugal.

# Sumário

Apresentação .......................................................... 11

**1** O transtorno do espectro do autismo e a análise do comportamento aplicada
Prof. Dr. Nassim Chamel Elias ........................ 15
Um pouco de história ...................................... 17
Diagnóstico, etiologia e outras
    considerações acerca do TEA ................... 24
A Análise do Comportamento
    Aplicada (ABA) ......................................... 31
Considerações finais ....................................... 42

**2** Ensino de música para pessoas com TEA
Profa. Dra. Valéria Peres Asnis ....................... 45

**3** Propostas de atividades musicais
para pessoas com TEA ............................ 69

Sugestões de Atividades ........................................ 73

1) Distribuindo instrumentos musicais ....... 73

2) Tocando no pulso musical e nas
subdivisões do tempo — promovendo o
comportamento de imitação ..................... 75

3) Exercícios de intensidade — Forte e
fraco ........................................................ 79

4) Atividades de orientação espacial .......... 81

5) Explorando os sons do corpo .................. 85

6) Atividades de exploração sensorial e
auditiva .................................................... 88

7) Atividades em roda ................................. 91

Resumo de adaptações nas atividades musicais e
sessões de ensino ........................................ 93

Referências .............................................. 97

# Apresentação

Desde muito pequena, a música faz parte de minha vida. Comecei meus estudos de piano aos 8 anos de idade, na cidade de Santo André/SP, e desde os 15 anos sou professora de piano. Apesar de ter o curso Técnico de Música, pelo Conservatório Musical Carlos Gomes, de Campinas/SP, foi somente aos 37 anos que tive a oportunidade de realizar um velho sonho: fazer um curso superior de música. E assim, em 2007, começou minha trajetória acadêmica, no curso de Licenciatura em Música da Universidade Federal de São Carlos. Desde a graduação, passando pelo mestrado e doutorado, meu interesse em levar a música para bebês e crianças hospitalizadas, idosos e pessoas com algum tipo de deficiência, foi constante e conduziu todo meu caminho.

De 2012 a 2014, trabalhei como professora de música na APAE (*Associação de Pais e Amigos dos*

*Excepcionais)* de minha cidade e foi nesse período que tive a oportunidade de ter um contato mais próximo com todo o tipo de deficiência, inclusive com crianças e adolescentes com Transtorno do Espectro do Autismo (TEA). Confesso que no começo me senti despreparada e com um sentimento de que iria fracassar, mas percebi que com respeito e profissionalismo seria possível levar a música para aquelas crianças e adolescentes. Assim começa minha história sobre o ensino de música para pessoas com TEA. Os dois anos de experiência no ensino de música para esse público com características tão específicas e individuais, e com resultados tão animadores, me motivaram a buscar um aprofundamento e uma especialização na área, com o objetivo de tentar comprovar cientificamente a eficácia do ensino de música para essa população. Então, em 2014, ingressei no doutorado na Universidade Federal de São Carlos para realizar minha pesquisa.

Este livro escrito em parceria com meu orientador, Prof. Dr. Nassim Chamel Elias, é resultado de muita dedicação, paciência e certeza de que a música pode fazer a diferença na vida daqueles que têm a oportunidade de recebê-la de maneira adequada e adaptada às características de cada indivíduo, afinal, não somos todos iguais, cada um possui suas características, e é justamente isso que faz a beleza da diversidade humana.

O primeiro capítulo trará informações a respeito do Transtorno do Espectro do Autismo e a Análise do Comportamento Aplicada; o segundo versará sobre a importância da música e suas adaptações para indivíduos com TEA; e no terceiro serão disponibilizadas algumas sugestões de atividades musicais.

Desejo que este trabalho possa contribuir com a área da música e estimular o interesse pela busca de conhecimento sobre o ensino desta para pessoas com TEA.

# 1

## O TRANSTORNO DO ESPECTRO DO AUTISMO E A ANÁLISE DO COMPORTAMENTO APLICADA

Prof. Dr. Nassim Chamel Elias

Este capítulo tem por objetivo introduzir dois assuntos, a saber: o Transtorno do Espectro do Autismo (TEA) e a Análise do Comportamento Aplicada (ABA, do inglês *Applied Behavior Analysis*). O TEA é um transtorno complexo, com notada variabilidade comportamental, que pode envolver excessos comportamentais, como ecolalia, estereotipia e agressão, e déficits comportamentais, como atraso na aquisição de linguagem, de repertórios sociais e acadêmicos, habilidades motoras, entre outros. Vale enfatizar que cada indivíduo dentro do espectro pode apresentar várias ou somente algumas dessas e de outras características, chamadas de comportamentos autísticos, e que essas características podem se manifestar em graus diferentes, mais ou menos severos e persistentes. A ABA é uma ciência que estuda os comportamentos humanos e as variáveis ambientais que controlam esses comportamentos, sem deixar de considerar aspectos biológicos do indivíduo. Será defendida a tese de que a ABA é, atualmente, a forma mais eficaz, empiricamente comprovada, para se planejar e implantar intervenções para indivíduos dentro do espectro.

# 1.1 Um pouco de história

Dados epidemiológicos mundiais estimam que a prevalência de casos de TEA diagnosticados tem crescido de forma significativa em todo o mundo, especialmente durante as últimas décadas. Os primeiros estudos epidemiológicos indicavam uma prevalência de um caso de autismo infantil a cada 2.000 nascimentos (Lotter, 1966; Wing e Gould, 1979). Investigações mais recentes estimam um aumento significativo de casos, atingindo a média de um caso a cada 200 nascimentos (Barbaresi, Katusic e Voigt, 2006; Fombonne *et al.* 2006; Schechter e Grether, 2008). Em 2014, foi declarada pelo *Center for Disease Control*, dos Estados Unidos da América, a prevalência de uma a cada 68 crianças americanas com oito anos de idade (1,4%) com diagnóstico de TEA, sendo que se for analisado apenas o sexo masculino, essa prevalência é quatro vezes e meio mais frequente do que no sexo feminino, chegando a uma proporção de um menino afetado para cada 42 (2,3%) com neurodesenvolvimento típico (Baio, 2014). No Brasil, em 2010, estimava-se cerca de 500 mil pessoas com autismo (Barbosa e Fernandes, 2009). Um estudo-piloto brasileiro estimou uma prevalência de 0,3% em crianças de 7 a 12 anos de idade de um município do estado de São Paulo (Paula *et al.*, 2011).

A palavra autismo foi proposta inicialmente por Bleuler (1911). O autor caracterizava o autismo como uma perda de contato com o mundo real, o que comprometia seriamente a comunicação (Gadia, Tuchman e Rotta, 2004), e identificou uma grande tendência ao isolamento das crianças nessa condição (Stelzer, 2010). A falta de interação com o meio ambiente físico e social, a falta de interesses e o déficit de comunicação levaram à denominação do termo "autismo" por Bleuler (1911) como descrição do sinal clínico de isolamento. Sinais clínicos semelhantes foram descritos por Kanner (1943) como "distúrbio autístico do contato afetivo".

Em 1943, Leo Kanner descreve os primeiros casos de autismo infantil como uma síndrome que afetava negativamente crianças na área da função social. Kanner (1943, p. 233) também observou respostas incomuns emitidas por essas crianças, como não se referir a elas mesmas na primeira pessoa (a criança diz "Ela quer água", quando quer dizer "Eu quero água"), não fazer perguntas em forma de interrogação "com a inflexão apropriada", "tendência a repetir uma e outra palavra", comportamento conhecido como ecolalia. A partir de 1956, o quadro de isolamento e imutabilidade é reafirmado por Kanner como sinal básico de identificação do distúrbio (Ministério da Saúde, 2013). Desde então, muitas pesquisas vêm sendo realizadas com o intuito de descobrir as possíveis causas e tratamentos para amenizar os sintomas desse transtorno do neurodesenvolvimento. O diagnóstico também mudou ao longo dos anos.

O termo autismo, significado de isolamento, dificuldades de comunicação e interação social, diferentemente de como foi utilizado no passado por Bleuler (1911) e Kanner (1943), como parte de psicoses e/ou esquizofrenia, atualmente identifica alguns transtornos, os quais vêm sendo estudados em várias áreas de conhecimento, como Educação, Educação Especial, Educação Física, Psicologia e Medicina. Porém, as especificidades do autismo foram se tornando nítidas a partir de observações e pesquisas, além do relato de pais e de outras pessoas que conviviam diretamente com crianças dentro do diagnóstico.

Wing (1988) identificou atrasos em três áreas do desenvolvimento da criança com autismo: (i) dificuldades de interação social; (ii) déficits na comunicação verbal e não verbal; e (iii) padrões de comportamento, interesses e atividades restritos, repetitivos e estereotipados. Esses atrasos ficaram conhecidos como a "Tríade de Wing", que passou a ser utilizada como base para definição do espectro do autismo, posteriormente incluída na quarta edição do *Manual Diagnóstico e Estatístico de Transtornos Mentais* (*DSM-IV*, do inglês *Diagnostic and Statistical Manual of Mental Disorders*; APA, 1994).

De acordo com o *DSM-IV* (APA, 1994), o autismo passa a fazer parte dos Transtornos Globais do

Desenvolvimento (TGD), termo referente a um espectro de síndromes com características comuns e que causa prejuízos severos no desenvolvimento da criança. No ano 2000, o *DSM-IV* foi revisado (*DSM-IV-TR*; APA, 2000) e o autismo se manteve como referência para novas classificações que passaram a fazer parte dos TGDs como subtipos, a saber: "Autismo", "Transtorno de Rett", "Transtorno Desintegrativo da Infância", "Transtorno de Asperger" e "Transtorno Invasivo do Desenvolvimento sem Outra Especificação".

Mais recentemente, de acordo com o *Manual de Diagnóstico e Estatística de Transtornos Mentais*, na sua 5ª edição (*DSM-5*; APA, 2014), para que uma pessoa seja diagnosticada com TEA precisa apresentar: (i) déficits persistentes na comunicação e na interação social em diversos contextos, por exemplo, na reciprocidade socioemocional (dificuldade para estabelecer uma conversa normal, compartilhamento reduzido de interesses, emoções ou afeto), nos comportamentos comunicativos não verbais usados para a interação social (anormalidade no contato visual e linguagem corporal, déficits na compreensão e uso de gestos, ausência de expressões faciais), déficits para desenvolver, manter e compreender relacionamentos (dificuldade em compartilhar brincadeiras imaginativas ou fazer amigos); e (ii) padrões restritos e repetitivos de comportamento, interesses ou atividades, por exemplo, movimentos motores, uso de objetos ou fala estereotipados ou repetitivos (ecolalia e frases idiossincráticas), insistência nas mesmas coisas, padrões ritualizados de comportamento, hiper ou hiporreatividade a estímulos sensoriais ou interesse incomum por aspectos sensoriais do ambiente (indiferença aparente à dor/temperatura, reação contrária a sons ou texturas específicas). Conforme consta no *DSM-5*, esses sintomas devem estar presentes precocemente no período do desenvolvimento infantil, causar prejuízo significativo no funcionamento social e podem estar associados ou não a comprometimento intelectual ou a outro transtorno do neurodesenvolvimento.

A ecolalia foi uma das características observadas desde a primeira descrição do autismo infantil por Kanner (1943). Tem sido associada à mesmice e a um repertório limitado de ações comunicativas. Embora Kanner reconhecesse que a ecolalia às vezes era usada, funcionalmente, para oferecer uma resposta afirmativa ao interlocutor, sua caracterização geral era de um fenômeno disfuncional, governado de forma rígida e obsessiva por preocupações sociais. Mais recentemente, Bleszynski (2009) definiu a ecolalia como um distúrbio de linguagem determinado como a repetição de palavras ou frases, podendo ocorrer durante a execução de uma tarefa (como forma de repetição das etapas desta), como forma de combater a falta de concentração ou como efeito de um discurso anterior, como repetir anúncios televisivos ou palavras de uma determinada música que o indivíduo tenha ouvido anteriormente. Apesar de a ecolalia ser vista por muitos como um comportamento que interfere negativamente na vida dos indivíduos, vale ressaltar que a ecolalia é uma resposta verbal vocal que pode ser utilizada para o desenvolvimento de novos repertórios verbais, mais complexos e funcionais. Esse dado torna-se relevante, considerando que muitas crianças dentro do espectro não produzem nenhum tipo de fala, o que pode tornar o ensino da fala mais desafiador.

O déficit em habilidades motoras finas também foi evidenciado em crianças com TEA aos seis meses de idade, piorando significativamente entre os 14 e 24 meses (Macdonald, Lord e Ulrich, 2013). Esses achados corroboraram estudos anteriores que sugerem que atrasos na habilidade motora no início do desenvolvimento podem atuar como alguns dos primeiros sinais preocupantes do autismo (Teitelbaum *et al.*, 1998). Entre os déficits motores, o *DSM-5* indica marcha atípica, falta de coordenação e outros sinais motores anormais, comportamento motor semelhante à catatonia, mutismo, posturas atípicas, trejeitos faciais e flexibilidade cérea, quando o braço ou perna do indivíduo permanece na posição em que são colocados (APA, 2014). Outra característica motora significativa citada pelo *DSM-5* é a estereotipia ou "ritmias motoras". Péter, Oliphant e Fernandez (2017, p. 2) declaram que "a idade típica de início das estereotipias motoras é anterior aos três anos, com 80% dos casos exibindo movimentos repetitivos aos dois anos". Além disso, a gravidade e a frequência das estereotipias motoras estão correlacionadas com a gravidade do transtorno e as deficiências no funcionamento adaptativo e no jogo simbólico (Péter, Oliphant e Fernandez, 2017).

Harris, Mahone e Singer (2008, p. 1) definem as estereotipias motoras como "movimentos repetitivos, rítmicos, muitas vezes bilaterais com um padrão fixo e frequência regular que normalmente pode ser interrompida por distração". Ainda segundo Mink e Mandelbaum (2009, p. 84), "as estereotipias são movimentos rítmicos, padronizados, repetitivos, despropositados e involuntários", como balançar o corpo, agitar as mãos, bater palmas, entre outros, sem funcionalidade aparente. Dentro do quadro das estereotipias encontram-se os tiques, que são movimentos muito discretos e repetitivos, que podem ser motores, como piscar os olhos, ou vocais, como fungar ou resmungar. Tais comportamentos podem variar do simples ao complexo. Vale ressaltar que algumas estereotipias, segundo Fazzi *et al.* (1999), podem estar relacionadas com transtornos sensoriais, como no caso de crianças que fazem algum movimento "anormal" com os olhos, aparentemente sem função. Os mesmos autores afirmam que uma das principais marcas da estereotipia é que, de modo geral, elas param quando o indivíduo se envolve em alguma atividade nova ou prazerosa, porém, suspeita-se de que a maioria das pessoas com autismo não possui consciência desses movimentos repetitivos.

Assim como na ecolalia, a estereotipia é vista como um comportamento negativo, que precisa ser eliminado. Entretanto, vale ressaltar que estereotipias são comuns em crianças e até adultos com desenvolvimento típico, e somente devem ser alvo de preocupação quando atrapalham o funcionamento diário do indivíduo, como quando concorre com a execução de uma tarefa e como comportamento de fuga ou esquiva, evitando que a criança entre em contato com novas situações, interferindo negativamente no desenvolvimento de novos repertórios.

## 1.2 Diagnóstico, etiologia e outras considerações acerca do TEA

O diagnóstico de TEA é essencialmente clínico e tem evoluído com o passar dos anos; é feito a partir de observações da criança, entrevistas com os pais e cuidadores e aplicação de instrumentos específicos. Os critérios usados para diagnosticar o TEA também são descritos no *DSM-5* (APA, 2014). Apesar da importância do *DSM-5* para um diagnóstico mais preciso do TEA, muitas das características apresentadas baseiam-se em topografias de respostas e não, necessariamente, em suas funções. Ainda, de acordo com o *DSM-5*, o estágio em que o prejuízo fica evidente irá variar de acordo com as características do indivíduo (fatores neurológicos, biológicos ou genéticos) e seu ambiente (contingências ambientais).

Tordjman *et al.* (2017) relatam que mais de 200 genes de susceptibilidade ao autismo foram relatados e anormalidades citogenéticas foram descritas para quase todos os cromossomos. O estudo ressalta a importância de se reformular o autismo em um contexto multifatorial, pois pesquisas realizadas em domínios diversos como a genética, a neuroquímica, a neuroanatomia e a imagem cerebral enfatizam cada vez mais que o autismo não pode ser explicado por uma única causa biológica ou fator ambiental, mas por uma etiologia multifatorial relacionada a diferentes dimensões de comprometimento.

Ainda que nenhuma etiologia específica tenha sido descoberta sobre o autismo, alguns estudos indicam a presença de fatores genéticos e neurobiológicos, como anomalia anatômica ou fisiológica do sistema nervoso central e problemas constitucionais inatos predeterminados biologicamente (Brasil, 2015). Drash e Tudor (2004) lembram que muitas teorias contemporâneas sobre o autismo têm associado sua causa com fatores neurológicos, biológicos ou genéticos que ainda não foram identificados, pois pesquisas na área médica falharam em fornecer evidências conclusivas.

Na psicologia, segundo Inui, Kumagaya e Myowa-Yamakoshi (2017), vários modelos cognitivos foram sugeridos para explicar diversos fenótipos do autismo, como déficits na teoria da mente, no processamento emocional e na motivação social, disfunção executiva, entre outros. Indivíduos com TEA podem apresentar problemas em reconhecer, representar e expressar pensamentos e emoções, comportamentos relacionados a disfunções executivas (Girodo, Das Neves e Correa, 2008), mas não há consenso nos estudos que esclareça em quais aspectos das funções executivas os indivíduos com TEA apresentam maiores comprometimentos.

Zaqueu *et al.* (2015) sugeriram que déficits na atenção compartilhada também estão entre os sinais precoces mais presentes no autismo. Os autores buscaram encontrar associações entre sinais precoces do autismo, identificados por testes de escalas padronizadas e falhas na atenção compartilhada, em 92 crianças com idades entre 16 e 24 meses. Os resultados indicaram que para as crianças que apresentaram sinais indicativos de autismo, os déficits mais comuns estavam relacionados com atenção compartilhada, especialmente nos comportamentos de apontar para objetos, chamar a atenção de adultos para objetos e eventos e solicitar ajuda para alcançar objetos desejados.

Sem desconsiderar sua importância, esses modelos cognitivos foram criticados por não serem capazes de explicar suficientemente todos os fenótipos incluídos no critério (i) do *DSM-5*, sobre déficits de comunicação e interação social.

De outro ponto de vista, pesquisadores da análise do comportamento (Bijou e Ghezzi, 1999; Drash e Tudor, 2004; Ferster, 1961; Koegel, Valdez-Menchaca e Koegel, 1994; Lovaas e Smith, 1989; Spradlin e Brady, 1999) têm proposto teorias acerca da etiologia dos comportamentos autísticos com base na interação dessas pessoas com o ambiente em que vivem (contingências ambientais). Carr e LeBlanc (2004) sugerem que uma análise ambiental do comportamento autístico pode levar a avanços tecnológicos que não seriam possíveis com base em uma abordagem unicamente neurológica. Nesse sentido, é importante ressaltar que grande parte dos comportamentos animais, especialmente dos humanos, é aprendida em contato com os meios físico e social (Skinner, 2003), implicando que os comportamentos autísticos são aprendidos e não causados exclusivamente pelos fatores neurobiológicos.

Então, quando alguém diz que uma criança apresenta determinados comportamentos porque é "autista", está explicando um fenômeno de forma tendenciosa e colocando todo o peso no próprio indivíduo e não no ambiente em que ele está inserido. Fosse isso verdade, crianças dentro do TEA não seriam capazes de desenvolver comportamentos adaptativos, como a linguagem, e socialmente aceitáveis.

Lovaas (2003) refutou afirmações de que as pessoas com autismo têm alguma coisa em comum que é única para elas (Lovaas e Smith, 1989), lembrando, por exemplo, que comportamentos autoestimulantes (como balanço do corpo ou das mãos e ecolalia) e explosões de raiva são comuns em crianças típicas, mas em menor grau e por períodos mais curtos. Segundo o autor, cada indivíduo com TEA tem características únicas e distintas e sugere que, ao considerar os componentes comportamentais (déficits e excessos comportamentais de um determinado indivíduo), profissionais com experiência no desenvolvimento de programas de modificação de comportamento podem obter sucesso no tratamento de pessoas com TEA.

Lembrando que uma das características marcantes de indivíduos com TEA é o perfil comunicativo, alguns autores (Mody e Belliveau, 2013; Saulnier, Quirmbach e Klin, 2011) sugerem que, em sua maior parte, as crianças com TEA têm deficiências linguísticas receptivas e expressivas, e as habilidades comunicativas e/ou déficits variam de acordo com a idade e o nível de funcionamento. Algumas pesquisas demonstraram que bebês de 12 meses de idade, com suspeita de autismo, já apresentam atrasos na linguagem, tanto expressiva quanto receptiva (Mody e Belliveau, 2013;

Zwaigenbaum, Bryson e Rogers, 2005). Também foi observado que as crianças que possuem habilidades verbais podem apresentar ecolalia imediata ou tardia e respostas pobres às perguntas de outras pessoas (Tager-Flusberg, Paul e Lord, 2005; Sterponi e Shankey, 2014).

Drash e Tudor (2004) apresentam uma análise comportamental da relação entre déficits no comportamento verbal (ou linguagem) e no comportamento social com o desenvolvimento de comportamentos inadequados, mostrando como as contingências ambientais podem estabelecer e manter comportamentos de fuga e esquiva e um repertório deficiente de comportamento verbal. De acordo com Carr e LeBlanc (2004), essa teoria parece apresentar a análise comportamental funcional mais detalhada sobre a etiologia dos comportamentos autísticos. Segundo Neno (2003, p. 152), "a análise funcional promove a identificação de relações de dependência entre eventos, ou de regularidades na relação entre variáveis dependentes e independentes".

O documento *Linha de cuidado para a atenção às pessoas com transtornos do espectro do autismo e suas famílias na Rede de Atenção Psicossocial do Sistema Único de Saúde*, do Ministério da Saúde (BRASIL, 2015), traz as seguintes abordagens, métodos e filosofias para o tratamento de pessoas com TEA: Tratamento Clínico de Base Psicanalítica, Tratamento Medicamentoso, Integração Sensorial, Comunicação Suplementar e

Alternativa, Tratamento e Educação para Crianças com Transtornos do Espectro do Autismo (TEACCH), ABA, entre outros. Entretanto, a Associação para a Ciência do Tratamento do Autismo (ASAT, do inglês *Association for Science in Autism Treatment*; disponível em: https://asatonline.org/) dos Estados Unidos afirma que a ABA é efetiva em aumentar comportamentos e ensinar novas habilidades, assim como reduzir comportamentos problemáticos, lembrando que a intervenção comportamental aplicada possui evidência científica suficiente para ser considerada eficaz.

Ainda, conforme consta na página da ASAT, as intervenções comportamentais são usadas com pessoas com autismo para, pelo menos: (i) aumentar os comportamentos ou habilidades deficitários (como interações sociais, completar tarefas acadêmicas, habilidades de vida funcional e habilidades de comunicação); (ii) manter os comportamentos socialmente relevantes já instalados; (iii) generalizar ou transferir o comportamento de uma situação (ou contexto) para outra (como generalizar os comportamentos aprendidos em salas de recursos para a sala de aula); (iv) rearranjar as condições ambientais sob as quais os comportamentos ocorrem; e (v) reduzir comportamentos que interferem no desenvolvimento (como comportamentos autolesivos e agressivos).

Entre os diversos e variados estudos na área, em mais de 40 anos de pesquisa, citam-se os de Eikeseth *et al.* (2002) e Howard *et al.* (2014). Nos dois estudos, os autores tinham por objetivo comparar o desenvolvimento de grupos de crianças com autismo ao longo de um e de três anos, respectivamente, submetidos a dois tratamentos distintos. Em cada estudo, um grupo foi submetido à intervenção comportamental intensiva por 30 horas semanais e o outro à intervenção que envolvia várias técnicas e métodos distintos, também por 30 horas semanais. Os dois estudos indicaram ganhos significativamente maiores para o grupo submetido à intervenção comportamental intensiva em diversas áreas, como linguagem receptiva e expressiva, QI (quociente de inteligência) e comportamentos adaptativos.

## 1.3 A Análise do Comportamento Aplicada (ABA)

A Análise do Comportamento Aplicada (ABA) fornece base científica para identificar relações funcionais entre variáveis ambientais e o comportamento, que permite uma melhor avaliação dos repertórios já instalados e uma forma eficaz para o planejamento do ensino de novos repertórios para indivíduos, inclusive aqueles com autismo (Camargo e Rispoli, 2013; Eikeseth *et al.*, 2002; Howard *et al.*, 2014; Kodak e Grow, 2014). Portanto, a ABA fornece bases científicas para avaliar o comportamento humano e as variáveis das quais o comportamento é função e implementar modificações ambientais para produzir melhorias socialmente significativas no comportamento humano. A ABA inclui o uso de observação direta, medição e análise funcional das relações entre os ambientes físico e social e o comportamento, pela identificação de estímulos antecedentes e consequentes relacionados com determinada resposta, verbal ou não verbal. Segundo essa ciência, o comportamento de um indivíduo é determinado por eventos ambientais passados e atuais (como os fatores ontogenéticos), juntamente com variáveis orgânicas (como os fatores filogenéticos) e culturais (práticas culturais da comunidade na qual o indivíduo está inserido). Assim, concentra-se em explicar o comportamento em termos de eventos externos que podem ser manipulados, em vez de constructos internos difíceis de observar, controlar e manipular.

Segundo Howard (2014), o que difere a ABA de outras ciências que estudam o comportamento humano são o foco, os objetivos e os métodos utilizados. O profissional que segue os preceitos da ABA irá intervir para melhorar os comportamentos em foco ao demonstrar uma relação confiável entre suas intervenções e as modificações comportamentais observadas, utilizando uma descrição objetiva, com quantificação e experimentação controladas.

Baer, Wolf e Risley (1968) referem-se à ABA como o processo de aplicar, sistematicamente, intervenções baseadas nos princípios da teoria da aprendizagem para melhorar comportamentos socialmente significativos (como leitura, habilidades sociais, comunicação, habilidades motoras grossas e finas, preparação de alimentos e refeições, higiene pessoal, vestir-se, autocuidado pessoal, habilidades domésticas, gerenciamento de tempo, pontualidade, manuseio de dinheiro, orientação doméstica e comunitária e profissional) e demonstrar que são as intervenções empregadas responsáveis pela melhoria do comportamento.

Esses mesmos autores (Baer, Wolf e Risley, 1968) sugerem sete dimensões que definem e qualificam a ABA: (i) aplicada, pois a intervenção deve focar comportamentos que são relevantes para o indivíduo e para a sociedade; (ii) comportamental, pois considera o que os indivíduos fazem e não o que eles dizem que fazem; (iii) analítica, pois requer a demonstração fidedigna dos eventos responsáveis pela ocorrência ou não dos comportamentos, o que permite predição e controle das variáveis ambientais que afetam esses comportamentos; (iv) tecnológica, que se refere à definição operacional dos procedimentos que são efetivos para a mudança dos comportamentos; (v) conceitualmente sistemática, pois os procedimentos devem seguir os princípios básicos da Análise do Comportamento;

(vi) efetiva, para que os efeitos produzidos pela intervenção comportamental sejam significativos para o indivíduo; e (vii) generalizável, pois as mudanças produzidas pela intervenção devem persistir através do tempo e ser transferidas para ambientes e pessoas diferentes daquelas utilizadas na intervenção.

Segundo um dos princípios da ABA, os resultados devem ser generalizados para outras situações, cuidadores ou comportamentos (Fisher, Piazza e Roane, 2014). Sobre a generalização, Martin e Pear (2009, p. 230, grifo dos autores) dizem:

> [...] que o treinamento produz *generalização* quando o comportamento treinado se transfere da situação de treinamento para o ambiente natural; quando o treinamento leva ao desenvolvimento de um novo comportamento que não foi especificamente treinado; ou quando o comportamento treinado se mantém no ambiente natural, no decorrer do tempo.

Um exemplo de generalização pode ser encontrado no estudo de Reeve, Townsend e Poulson (2007), que aplicaram uma linha de base múltipla entre atividades (localizar objetos, colocar objetos em lugares determinados, transportar objetos, entre outras) para avaliar se quatro crianças com autismo poderiam aprender um repertório generalizado de ajudar adultos em tarefas distintas. Diferentes respostas foram ensinadas na presença de múltiplos estímulos discriminativos, por exemplo, localização de objetos, colocação de itens, criação de uma atividade. Durante a condição de ensino, foram utilizados modelos de vídeo, solicitação e reforço. Os resultados mostraram que todas as quatro crianças aprenderam a emitir respostas de ajuda adequadas na presença de estímulos discriminativos das categorias usadas durante o ensino. A generalização das respostas foi observada na presença de estímulos discriminativos não usados durante o ensino em condições de sondagem adicionais. Sondas adicionais de generalização mostraram que a frequência de respostas de ajuda também aumentou na presença de novos estímulos, em um cenário novo e com um instrutor novo.

Dentre as estratégias utilizadas em intervenções comportamentais, estão o ensino por tentativas discretas (DTT, do inglês *Discrete Trial Teaching*), o uso de modelação (imitação), esvanecimento, encadeamento e reforçamento diferencial. De acordo com Anderson, Taras e Cannon (1996), o DTT é dividido em quatro partes, na sequência: (1) a apresentação dos estímulos (materiais, instruções, dicas e ajudas); (2) a resposta do aluno; (3) a entrega da consequência (itens ou atividades de preferência do aluno); e (4) uma breve pausa entre a entrega da consequência e a apresentação da próxima tentativa. O DTT é uma forma estruturada de ensino que divide uma habilidade em componentes menores que podem ser ensinados separadamente.

Uma característica importante do DTT é que possibilita muitas oportunidades de responder e de obter reforçadores. O reforçamento (principalmente o reforçamento positivo) é a principal ferramenta para ensinar novas respostas. Diz-se que uma consequência é reforçadora quando é apresentada contingente a uma resposta (após a resposta) e aumenta a probabilidade de essa resposta ocorrer novamente na presença de estímulos ou situações antecedentes semelhantes. No reforçamento positivo, um item ou atividade de preferência do indivíduo é entregue após a resposta-alvo ser emitida.

Dib e Sturmey (2007) avaliaram mudanças nas estereotipias de três alunos com autismo, com idades entre nove e 12 anos, como resultado da implementação de DTT aplicado pelos professores dos alunos. Todas as pessoas envolvidas na pesquisa foram anteriormente treinadas em técnicas de intervenção comportamental. As sessões foram conduzidas na mesa de cada aluno durante as rotinas normais da sala de aula. Cada sessão foi filmada para pontuação posterior. Durante as sessões, a ocorrência ou não da estereotipia dos alunos, incluindo vocalizações inadequadas (por exemplo, gritar, falar, cantar fora do contexto) e movimentos repetitivos do corpo (por exemplo, movimentação de dedos, levantamento de perna e balanço), foi marcada no final de cada intervalo de dez segundos. Após a linha de base, cada estudante recebeu treinamento diferenciado com tentativas discretas em tarefas como

ESNINO DE MÚSICA PARA PESSOAS COM O TEA 37

escrita, matemática, leitura, imitação, movimentos corporais, com dicas verbais e gestuais, quando necessário. Os resultados apontaram que um dos alunos diminuiu a estereotipia de 55%, na linha de base, para 7% após treinamento. O segundo aluno diminuiu a estereotipia de 20% na linha de base para 5%, e o terceiro aluno de 65% para 10%. Esses dados mostram que o ensino de novos repertórios utilizando DTT resultou em diminuições sistemáticas na estereotipia dos estudantes. Tais achados são consistentes com estudos anteriores usando técnicas similares de DTT (por exemplo, Koegel, Russo e Rincover, 1977; Sarokoff e Sturmey, 2004) e estendem essa literatura, demonstrando que o ensino melhorado pode minimizar comportamentos disruptivos ou inadequados de estudantes durante essas situações de ensino.

Com relação ao uso de modelação (imitação), Lovaas (1981) destaca que essa é uma poderosa ferramenta de ensino que permite a um indivíduo aprender pela observação e repetição da resposta de um adulto ou par. Miller, Rodriguez e Rourke (2015) destacam, ainda, que a imitação pode facilitar o desenvolvimento de habilidades sociais e linguagem em crianças, lembrando que algumas crianças com autismo não adquirem habilidades imitativas sem instrução direta.

Cardon (2012) teve como objetivo verificar se haveria aquisição ou aumento da habilidade de imitação, por parte dos participantes, após seus cuidadores terem passado por treinamento via videomodelação. Quatro participantes com autismo e seus respectivos cuidadores participaram da pesquisa. Durante o treinamento, os cuidadores foram instruídos sobre como criar modelos eficazes em vídeo. Eles receberam um manual de treinamento com instruções e descrições por imagem de como criar seu próprio vídeo utilizando um iPad. Durante o procedimento, era apresentado, ao participante com autismo, o vídeo com uma determinada ação e, segundos depois, uma fala do cuidador sugerindo a ação, por exemplo, "vamos limpar". Caso o participante imitasse a ação sugerida em até dez segundos após a apresentação, recebia um elogio verbal. Todas as apresentações foram randomizadas. De acordo com os resultados encontrados, três dos quatro participantes demonstraram ganhos na compreensão auditiva e na imitação motora após as intervenções. O estudo também demonstrou a generalização das habilidades de imitação para outros contextos.

Martin e Pear (2009, p. 134) definem o esvanecimento como uma "mudança gradual, ao longo de repetições sucessivas, de um estímulo que controla a resposta, de maneira que a resposta eventualmente ocorre diante de um estímulo parcialmente modificado ou completamente novo". Martin e Pear (2009) relatam que o esvanecimento ocorre, naturalmente, em muitas situações cotidianas, como quando um pai esvanece

ENSINO DE MÚSICA PARA PESSOAS COM O TEA 39

ajuda ao ensinar o filho a andar de bicicleta ou quando uma professora ensina seu aluno a desenhar um círculo, guiando a mão da criança de forma que o lápis trace o círculo ao ligar os pontos, e vai esvanecendo (retirando) essa ajuda até que a criança consiga realizar a atividade sozinha.

Stevenson, Ghezzi e Valenton (2016) utilizaram o esvanecimento para ensinar uma criança de nove anos, diagnosticada com autismo, a solicitar adequadamente itens e atividades relevantes. Após análise funcional, verificou-se que a criança apresentava comportamento de fuga quando saía com seus pais para fazer compras, e abertura de portas, correndo para as ruas e quintais de vizinhos. O procedimento foi realizado de três a cinco vezes por dia, quatro a cinco vezes por semana, durante caminhadas em todo o bairro onde a criança morava. Esse processo envolveu interrompê-la quando ela fugia, devolvendo-a ao local no qual a interrupção começou e fornecendo uma instrução verbal-vocal solicitando que ela dissesse o que queria fazer, conforme necessário, e fornecendo um breve elogio social pelo cumprimento das instruções. Os dados de frequência foram coletados por observadores treinados sobre a ocorrência de falhas e pedidos adequados. As sessões de linha de base indicaram que a função desses comportamentos era por obtenção de atenção e consequências tangíveis. Durante a linha de base, a criança não fez nenhum pedido verbal--vocal apropriado e, quando corria, eram dados atenção e acesso imediato ao item ou atividade por 30 segundos. Os resultados mostraram que, ao final das sessões de ensino utilizando o esvanecimento, a frequência de sua evasão caiu para zero, aumentou a frequência com que ela pedia adequadamente o que queria e aprendeu a esperar com calma por um item preferido, mesmo se este demorasse um pouco para ser entregue.

Martin e Pear (2009) definem o encadeamento como uma sequência de estímulos e respostas em que cada resposta, exceto a última, produz o estímulo para a próxima resposta e somente a última resposta produz o reforço para toda a cadeia.

Rayner (2011) avaliou os efeitos do uso de video-modelo e encadeamento reverso para ensinar alunos com autismo a dar um nó no cadarço do sapato. Inicialmente, foram apresentados vídeos com um adulto e um par ou irmão como modelos. Em seguida, um procedimento de encadeamento reverso, envolvendo modelação ao vivo e instrução verbal, foi introduzido após as fases com videomodelo. Embora o videomodelo tenha aumentado o número de etapas concluídas na tarefa de amarrar cadarços por cada um dos participantes, o procedimento de encadeamento reverso foi mais eficaz, permitindo que um participante alcançasse o critério de aprendizagem e um segundo participante se aproximasse do critério.

Outra forma utilizada para redução de comportamento inadequado e ensino de novos comportamentos

ENSINO DE MÚSICA PARA PESSOAS COM O TEA

são as estratégias que envolvem reforçamento diferencial. Segundo Catania (1999, p. 418), o reforçamento diferencial é "o reforço de algumas respostas, mas não de outras". Usa-se o reforçamento diferencial para modelar e fortalecer um determinado comportamento (Skinner, 2003). Por exemplo, em intervenções que utilizam o ensino de comunicação funcional em substituição a comportamentos inadequados, uma determinada resposta verbal passa a produzir o reforço anteriormente produzido pela resposta inadequada, enquanto a resposta inadequada deixa de produzir o reforço (Kelley, Lerman e Van Camp, 2002).

Karsten e Carr (2009) compararam a entrega de consequências, com alto poder reforçador, para respostas diferentes no treino de aquisição de habilidades de duas crianças com diagnóstico de autismo, com idades de três e cinco anos. Uma das crianças se comunicava vocalmente usando frases de duas e três palavras, e a outra se comunicava utilizando gestos e algumas solicitações vocais de uma palavra. Ambas exibiram repertórios generalizados para imitação motora e vocal. Foi selecionado um programa de ensino de sequência de imagens e tatos. Os dados de desempenho foram definidos como a porcentagem de tentativas em que os participantes responderam correta e independentemente em cada bloco de dez tentativas. As respostas esperadas foram definidas como as que ocorreram dentro de três segundos após a apresentação da instrução do terapeuta e de estímulos relevantes para a tentativa. Os resultados mostraram que, durante a avaliação de uma das crianças, a frequência de resposta apresentou uma tendência ascendente exclusivamente sob a condição de reforço social e, na avaliação da outra, a frequência de resposta sob a condição de reforço alimentar foi maior que na condição de reforço social. A pesquisa destaca que a utilização de reforço social associado ao reforço alimentar foi mais eficaz do que somente o reforço social para ambos os participantes. Os autores relatam que as condições potencialmente aversivas associadas aos procedimentos de ensino podem ter influenciado os resultados dessa investigação, entretanto, os achados sugerem que o reforçamento diferencial é um procedimento confiável na aquisição de habilidades por crianças com autismo.

## 1.4 Considerações finais

Crianças com diagnóstico de TEA apresentam grande variabilidade comportamental, o que torna o trabalho com elas bastante desafiador, pois não há um modo único e universal para planejar o ensino ou as formas de intervenção, seja no ensino individualizado, nas salas de recurso ou na sala de aula comum.

Dois aspectos parecem essenciais para que essas crianças alcancem bom desenvolvimento geral e tenham melhor qualidade de vida. O primeiro diz respeito aos comportamentos cooperativos. Muitas crianças não cooperam com os pais, professores ou instrutores, pois o ambiente em que o ensino ocorre e as próprias pessoas podem ter adquirido função aversiva ou ainda não serem reforçadores. Nesse sentido, tanto o local em que o ensino ocorre quanto as pessoas que ensinam devem ser emparelhados a estímulos reforçadores (aqueles itens ou eventos de que a criança gosta). Para que isso ocorra, antes de iniciar qualquer intervenção, o adulto deve oferecer esses estímulos reforçadores, independentemente das respostas da criança (a não ser que algum comportamento inadequado esteja ocorrendo), no local em que o ensino acontecerá. Dessa forma, a criança passa a ver o adulto como uma fonte de fornecimento de estímulos reforçadores e, com o passar do tempo, a visão do adulto sinaliza para a criança a possibilidade de ter acesso a itens e eventos de que ela gosta. O local em que os reforçadores são entregues e estão disponíveis também passa a sinalizar essa possibilidade. Eventualmente, a criança para de exibir comportamentos de fuga e esquiva ao ver o adulto e ao ser levada para o local de ensino.

O segundo aspecto refere-se ao ensino de linguagem, iniciando por respostas verbais que indiquem o que a criança quer naquele momento, ou seja, ensinar a criança a fazer pedidos por itens e atividades de que ela goste, ao mesmo tempo, ensiná-la a indicar aspectos do ambiente dos quais ela não goste. Dessa forma, muitos comportamentos inadequados, normalmente com função de fazer pedidos, tendem a diminuir. Ademais, como comunicação envolve, em geral, pelo menos duas pessoas, as habilidades sociais também são desenvolvidas.

# 2

# ENSINO DE MÚSICA PARA PESSOAS COM TEA

Profa. Dra. Valéria Peres Asnis

Quando o pedagogo possui boas práticas psicológicas, amor pela música e educação, poderá escolher com conhecimento de causa os bons processos metodológicos, adaptar-se a cada aluno, e inventar, muitas vezes de improviso, meios novos apropriados à dificuldade que se apresenta, meios que frequentemente são sugeridos pelo próprio comportamento do aluno (Willems, 1970, p. 149).

Considerando que a música faz parte da natureza humana e que desperta sentimentos e sensações, estimula o desenvolvimento psicológico, cognitivo, emocional, imaginativo e criativo e tem o poder de agregar pessoas, sua inserção em um contexto educacional deve ser entendida como um componente importante para a formação integral do indivíduo. A música tem um papel fundamental na vida de muitas pessoas, seja como forma de recreação, distração ou para melhorar o humor. É identificada como ferramenta importante na construção de memórias, como motivadora para realização de movimentos corporais, estimulação da fala, entre outros (Jäncke, 2008). Cox (1985, p. 44) ainda esclarece que muitas metodologias utilizadas em um processo de musicalização empregam "revisão contínua para manter as habilidades adquiridas em um alto nível, bem como para colocar essas habilidades em um novo contexto de aprendizagem", acarretando, assim, a generalização desses aprendizados para outros contextos, outros aprendizados, possibilitando todos os benefícios anteriormente citados.

A música possui o poder de fazer com que o ser humano, desde muito cedo, sinta e responda a ela, seja com relação à emoção ou em como o corpo se movimenta com base no ritmo de uma melodia. Pesquisas comprovaram que, desde o nascimento, o ser humano possui a capacidade de perceber um pulso musical ou mesmo uma sequência sonora (Alho *et al.*, 1990; Kushnerenko *et al.*, 2001; Stefanics *et al.*, 2007; Winkler *et al.*, 2009).

Um exemplo se encontra no estudo de Winkler *et al.* (2009), em que foram recrutados 14 recém-nascidos (com dois ou três dias de vida) saudáveis na cidade de Budapeste, Hungria. Os bebês foram expostos a cinco sequências rítmicas tocadas por três instrumentos de percussão, sendo a base sonora realizada por um tambor. Para cada instrumento foi definida uma sequência rítmica, sendo que em cada uma das cinco sequências apresentadas para os bebês uma célula rítmica era omitida, com exceção da sequência do tambor.

Para medir a frequência de respostas foi utilizado um Eletroencefalograma (EEG), estrategicamente posicionado na parte superior da cabeça dos bebês. O objetivo do estudo foi verificar se os bebês conseguiam perceber a omissão das células rítmicas e possibilitar, assim, ampliar pesquisas anteriores que estudaram a discriminação de padrões de afinação por neonatos (Stefanics *et al.*, 2007). O mesmo procedimento foi realizado com 14 adultos, com o objetivo de assegurar os dados coletados com os bebês. Os resultados mostraram que a modificação de um padrão rítmico em uma sequência sonora foi detectada pelo cérebro dos recém-nascidos, sugerindo que eles desenvolvem uma representação detalhada do padrão rítmico de base. Esse fato permitiria que os bebês sentissem o ritmo/pulso de uma sequência sonora e construíssem uma representação hierarquicamente ordenada do ritmo, como foi encontrado nos adultos.

Outros estudos mostram que ouvir música ativa determinadas regiões no cérebro e envolve uma série de sistemas relacionados com o processamento sensório-motor, memória, cognição, emoção ou oscilação de humor (Campos *et al.*, 2015). Há ainda pesquisas que vêm fornecendo evidências de que o treinamento musical, que no caso da prática instrumental ocorre pelo desempenho repetitivo de tarefas sensoriais e motoras simultâneas, por exemplo, tocar piano ou mesmo um instrumento de percussão, modifica as

ENSINO DE MÚSICA PARA PESSOAS COM O TEA

regiões cerebrais correspondentes, tanto no nível funcional quanto no estrutural (Bailey, Zatorre e Penhune, 2014; Bermudez *et al.*, 2009; Kleber *et al.*, 2010, 2013; Steele *et al.*, 2013), possibilitando profundas mudanças neuroplásticas.

A música possui grande importância quando realizada com pessoas com deficiência. Segundo Kaikkonen, Petraškeviča e Väinsar (2011, p. 10), "a tarefa do professor é descobrir a capacidade e as forças de aprendizagem do aluno e, especialmente, identificar o potencial de aprendizagem além de qualquer deficiência". A educação musical especial, que visa ao ensino de música para pessoas com deficiência (Asnis, 2014), permite que elas participem de aulas de música, aproveitando o potencial de aprendizagem de cada um e aumentando a qualidade de vida desses indivíduos. Os conceitos básicos e objetivos da educação musical especial são semelhantes aos da educação musical geral, no entanto, a diferença está em adequar as atividades musicais segundo as características de cada aluno com deficiência, priorizando suas capacidades.

Atividades de musicalização também podem ser um meio significativo para aprimorar as diferentes formas de comunicação de pessoas com deficiência (Louro, 2006), servindo de estímulo para o controle de movimentos específicos, colaborando para atividades em grupo e favorecendo a comunicação. Nesse sentido, a Educação Musical Especial vem contribuindo cada vez mais para esse processo.

No caso do ensino de música para crianças que se encontram dentro do espectro autista e que possuem processos únicos pelos quais adquirem, compreendem e demonstram conhecimento, além da adaptação das atividades musicais de acordo com as características da criança, é necessário considerar a forma de se comunicar com ela.

O profissional que for utilizar atividades musicais com esse público precisa estabelecer uma sólida estratégia de comunicação entre ele e a criança. É importante compreender as diferentes maneiras pelas quais seus alunos com TEA se comunicam e como possíveis interrupções na comunicação podem levar a desafios na aula de música. Ao conhecer suas características, sejam aquelas referentes ao espectro ou suas habilidades e preferências, será indispensável descobrir como aproveitar as capacidades de resposta em meio a comportamentos indesejados, situações adversas ou possíveis distrações que surjam para essas crianças. Em alguns casos, é necessário utilizar algumas ferramentas de comunicação, por exemplo, o Picture Exchange Communication System (PECS) — Sistema de Comunicação por Troca de Figuras (Bondy e Frost, 2001), que garantam a redução de ansiedade e forneçam mensagens claras do que é solicitado à criança (Hammel e Hourigan, 2013; Hourigan e

Hourigan, 2009). Segundo Malhotra *et al.* (2010), o PECS é uma intervenção relativamente nova, especialmente concebida para crianças com TEA, baseada nos princípios da ABA e usa imagens em vez de palavras para ajudar as crianças a se comunicarem.

Quando o educador musical tiver alunos com dificuldades de comunicação, uma das características dos indivíduos com TEA segundo o *DSM-5*, o uso dessas figuras poderá ser uma excelente ferramenta para que compreendam o que devem fazer nas atividades musicais. A seguir, alguns exemplos de imagens que poderão ser utilizadas nas aulas de música:

## Momento de ouvir a música

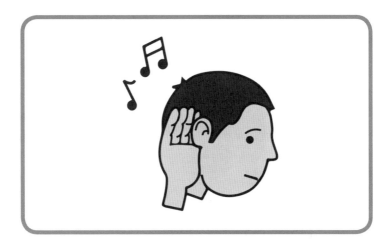

## Momento de cantar

## Momento de atividade em pé e em roda

## Momento de atividade sentado

## Momento de atividade batendo pulso ou ritmo nas pernas

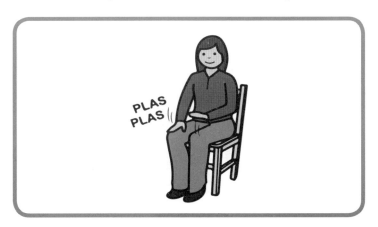

## Momento de tocar o teclado

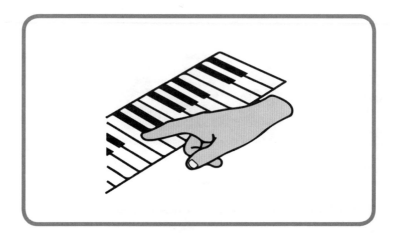

## Momento de dançar com o colega

## Momento de tocar as clavas

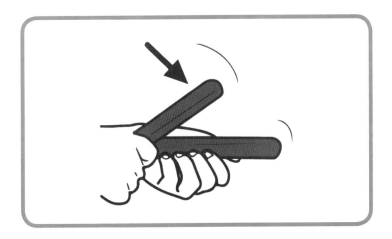

## Momento de tocar o xilofone

## Momento de tocar o tambor

## Momento de tocar as maracas

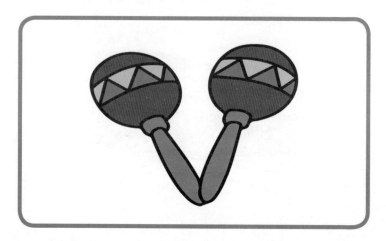

## Momento de tocar o triângulo

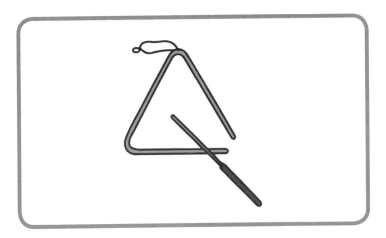

## Momento de atividade com a bola

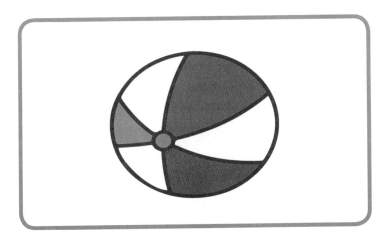

## Momento de brincar
## (reforço após a realização da aula/atividades de música)

Fonte: Imagens retiradas do *site* http://www.arasaac.org/.

Vale salientar que, para utilizar essa forma de comunicação, o educador musical necessita se inteirar do assunto e seu aluno precisar aprender a discriminar as figuras para que se estabeleça um canal comum de comunicação mais eficiente e mais rápido e, ao mesmo tempo, possibilite uma interação espontânea entre os envolvidos (Evaristo e Almeida, 2016).

Outra ferramenta utilizada para auxiliar alunos com dificuldades de comunicação e de compreensão do que devem realizar em sala de aula é o TEACCH — *Treatment and Education of Autistic and Related Communications Handicapped Children* —, desenvolvido no Departamento de Psiquiatria da Faculdade de Medicina da Universidade da Carolina do Norte (EUA), no final dos anos 1960, por Eric Schopler e colaboradores. Considerado uma filosofia por seus criadores (Schopler, 1997), é mais comumente conhecido como "ensino estruturado" e utiliza-se de recursos visuais e de um sistema de trabalho que busca a independência do indivíduo com TEA (Fernandes, 2014; Giardinetto, 2005). Um exemplo do uso do TEACCH nas aulas de música é a agenda de imagens que sinaliza a rotina de atividades musicais a serem desenvolvidas em cada sessão de ensino. Nesse sistema, o educador musical providenciará uma agenda para cada aluno (ver Figura 1) com as figuras das atividades fixadas sequencialmente de cima para baixo. Dessa forma, antes de iniciar a aula, o aluno verificará em sua agenda qual atividade a ser realizada, retira-a e ao término desta deposita a figura na caixinha "acabou". O mesmo procedimento ocorre para todas as atividades até o término da aula.

O comportamento de algumas crianças com TEA pode criar obstáculos ao ensino de música, portanto, muitas vezes é necessário fazer adaptações e modificações específicas para que o aprendizado possa ser o mais efetivo possível. Segundo Hammel e Hourigan

(2013, p. 84), o "objetivo fundamental dessas mudanças nos planos de aula diários é aumentar a ocorrência de comportamentos apropriados, diminuir a ocorrência de comportamento negativo e ensinar um comportamento apropriado que esteja ausente no repertório desses estudantes", o que vai melhorar o ambiente e favorecer o aprendizado musical.

Figura 1. Modelo de agenda TEACCH

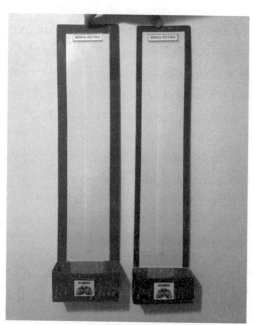

Fonte: Imagem retirada do site https://fonoadapta.com.br/categoria-produto/teacch/?orderby=popularity

ENSINO DE MÚSICA PARA PESSOAS COM O TEA

Algumas crianças podem encontrar dificuldades no estabelecimento de regras e comportamentos sociais, ocasionando irritabilidade ou até mesmo outros tipos de comportamentos inadequados. Uma aula bem estruturada e com rotinas permite que elas saibam quando haverá mudanças de atividades, facilitando com que se acalmem ou reorganizem suas emoções. Um bom exemplo é começar e terminar a aula sempre com a mesma música ou atividade.

O processamento de informações pode ser diferente para algumas crianças com TEA, portanto, uma estratégia efetiva é englobar várias maneiras de se ensinar um conceito musical, ou seja, dependendo da característica da criança, pode-se adaptar uma atividade de modo a passar o conteúdo musical, seja através de movimentos ou de forma mais visual. Um exemplo seria dar a oportunidade de o estudante manusear os materiais, equipamentos e/ou instrumentos musicais a serem utilizados naquela sessão de ensino, juntamente com instruções visuais e auditivas.

Outra característica dessa população pode estar relacionada à sobrecarga sensorial, tornando essas crianças altamente sensíveis a ruídos, texturas, sons, e essa característica pode afetá-las em áreas como: tempo de resposta, atenção, recusa de participação nas atividades (por causa de ansiedade ou superestimulação etc.), dificuldade em atividades de movimento. Os educadores musicais devem ser pacientes quando tiverem alunos com tais características, por isso, alguns ajustes na forma como se dá a instrução da atividade, na maneira de realizá-la (diminuição do ritmo das atividades), na quantidade de material exposto no ambiente da aula e o tipo de instrumento musical utilizado podem fazer toda a diferença no aprendizado.

Com relação ao uso de instrumentos musicais, antes de planejar atividades, o educador musical deve se certificar das habilidades motrizes necessárias para tocar um determinado instrumento e escolher aqueles adequados às características de seu aluno com TEA, além de verificar se este possui algum comprometimento motor ou sensorial que o impeça de tocar, o que poderia causar certa frustração e afetar a qualidade da aula. Ao se certificar do instrumento musical apropriado ao aluno, é importante que o educador musical estabeleça uma rotina de repetição das atividades de tocar o instrumento.

Um exemplo sobre a adequada escolha e utilização de instrumentos musicais para alunos com TEA se encontra no estudo de McCord (2009). O pesquisador acompanhou, ao longo de dois anos, uma criança com TEA de 11 anos de idade que passou por aulas de música na escola regular de ensino. Ela possuía grande sensibilidade auditiva, particularmente quando era utilizado o metalofone[1] nas aulas. Uma adaptação

---

1. Instrumento musical de percussão que possui várias lâminas de metal dispostas cromaticamente.

ENSINO DE MÚSICA PARA PESSOAS COM O TEA

encontrada pelo educador musical foi utilizar tampões de ouvido na criança. Gradualmente, a criança começou a tolerar melhor o som e, no final de um semestre, parou de usá-los e já estava participando ativamente das aulas. Outras adaptações utilizadas pelo educador musical para ensiná-la a tocar instrumentos de percussão foram: utilização de escrita musical adaptada, ajuda física parcial para sentir a pulsação da música, além de dicas visuais. Os resultados mostraram que a criança progrediu a ponto de começar a tocar partes de músicas e instrumentos mais complexos. Foi encorajada a cantar e tocar solos improvisados, além de se tornar membro do OrffCats[2] e colaborar musicalmente no conjunto, o que contribuiu para torná-la uma pessoa musicalmente sociável.

Pensando na utilização do canto dentro das práticas musicais, o educador musical pode considerar escolher músicas com poucas palavras ou no formato A-B[3] ou A-B-A[4] que possam ensinar, da mesma forma, habilidades e conceitos musicais. Podem-se, ainda, reescrever algumas cantigas para ajudar as crianças

---

2. OrffCats são conjuntos musicais que utilizam a abordagem Orff, da escola Metcalf Lab School, situada na Illinois State University, e é aberta a alunos da 3ª a 8ª séries. Disponível em: http://metcalf.illinoisstate.edu/activities_athletics/activities/orff.php.

3. Cantigas com formato A-B contemplam a apresentação de um tema (A) seguido de outro tema (B).

4. Na forma A-B-A, um tema (A) é apresentado, seguido de um novo tema (B). Ao término deste, o tema A é apresentado novamente.

na compreensão das letras, nesse sentido, as cantigas de roda se enquadram no perfil de formato A-B ou A-B-A. Ilari (2002, p. 84) afirma: "Tais canções empregam intervalos melódicos pequenos, ritmos bastante simples e uma quantidade grande de repetições de frases musicais [...] sendo consideradas apropriadas para os bebês e crianças em geral", além de carregarem em si características de tradição popular, sendo sua utilização importante para a formação da criança e para a preservação do cancioneiro infantil.

Ler e escrever música são habilidades bastante difíceis para algumas crianças com TEA, pois exigem uma grande quantidade de processamento cognitivo. Novamente, algumas adaptações podem ser necessárias, como iniciar a leitura musical com pequenos fragmentos, utilizando cartões com trechos da escrita musical (melódica ou rítmica) para que a criança monte uma sequência musical como um quebra-cabeças. Outra dica é cobrir com papel tudo aquilo que estiver a mais na partitura, quando for o caso, e usar uma ponteira ou algo do gênero para mostrar o que a criança deve tocar. Todas essas ideias ajudam os alunos a focar exatamente onde devem estar olhando (HAMMEL e HOURIGAN, 2013) para realizarem as atividades musicais.

Em um dos estudos de caso relatados por Kaikkonen, Petraškeviča e Väinsar (2011), um menino com TEA de dez anos, que frequentava uma escola de

ENSINO DE MÚSICA PARA PESSOAS COM O TEA

música para fazer aulas de piano individual uma vez por semana, tinha muita dificuldade em se orientar e se concentrar, o que ocasionava constantes acessos de grito por parte da criança. A adaptação feita pelo seu professor foi estruturar a sequência de atividades de cada aula através de cartões grandes com imagens claras e brilhantes. O relato mostra que a partir do momento em que essa simples adaptação foi feita, o aluno passou a ficar ciente da estrutura de cada lição de música e familiarizado com cada passo do procedimento. Isso o ajudou a se sentir seguro e, portanto, capaz de se concentrar no processo de aprendizagem, o que possibilitou que aprendesse muitas músicas novas e os conceitos básicos de tocar piano.

Outra estratégia relevante para as aulas de música é a improvisação, diretamente relacionada com a criatividade. Essa pode ser uma atividade que não possa ser aplicada a todas as crianças com TEA, devido ao comprometimento cognitivo de algumas delas. Porém, para aquelas em que o comprometimento é menor, iniciar solicitando que realizem "eco" de padrões tonais e de ritmo é um bom começo. Como exemplo, o educador musical pode tocar uma sequência de notas no xilofone[5] e solicitar que o aluno repita tal se-

---

5. Instrumento de percussão, constituído de lâminas de madeira graduadas em tamanho, para corresponder às notas da escala musical e formando um teclado que deve ser tocado com baquetas.

quência. O mesmo pode ser feito com uma sequência rítmica realizada em um tambor. Um próximo passo é solicitar que os alunos toquem o ritmo ou melodia (de preferência simples) e, depois, ser incentivados a "inventar" uma nova sequência. O ostinato (frase musical repetida várias vezes) é uma excelente opção, pois, segundo Hammel e Hourigan (2013, p. 137), o ostinato "é o elemento mais simples de estrutura para a experiência de improvisação". Outra dica é fornecer um começo, meio e fim não verbal e musical para tais improvisações.

Em um estudo realizado por Thaut (1988), foi comparada a capacidade de improvisação musical de crianças com TEA com crianças com deficiência intelectual e crianças sem deficiência. Os dados coletados indicam que os padrões de improvisação alcançados pelas crianças com TEA quase atingiram os escores das crianças sem deficiência e foram significativamente maiores do que os do grupo de crianças com deficiência intelectual, porém, em termos de complexidade e aderência às regras, as sequências improvisacionais de tom foram semelhantes às das crianças com deficiência intelectual, sendo bastante curtas e repetitivas.

As pesquisas ainda fornecem evidências de que uma aula de música bem estruturada, com objetivos claros e devidas adaptações, pode favorecer o desenvolvimento de comportamentos socialmente adequados e contribuir para a inserção social. Foi o caso do estudo de Alves, Vieira e Serrano (2010) que teve como objetivo desenvolver competências, destreza e possibilitar a inclusão de três crianças com TEA, no contexto do jardim da infância. Os autores partiram do pressuposto de que vivenciar a música pode proporcionar o fortalecimento de vínculos e de interações sociais, além de potencializar o desenvolvimento da criança. Antes das intervenções musicais foi aplicada, com cada participante, a escala de avaliação de competências, a *Schedule of Growing Skills II* (SGS II — Escala de Avaliação das Competências no Desenvolvimento Infantil II). O instrumento, que permite avaliar o desenvolvimento da criança em várias áreas, possibilitou levantar informações para o planejamento das atividades musicais direcionadas a cada um dos participantes. Também foi realizada uma avaliação musical no contexto de sala de aula e individualmente, para avaliar as competências musicais dos participantes. Essas duas avaliações foram repetidas após as intervenções musicais. Todos os procedimentos foram realizados ao longo de dez meses, e os resultados mostraram que alguns comportamentos deficitários nas avaliações aplicadas antes das intervenções foram reduzidos após as intervenções, por exemplo, compreender e seguir instruções, responder sob controle temático (melhora no discurso verbal com aumento no repertório de palavras), atenção, entre outros.

# 3
# PROPOSTAS DE ATIVIDADES MUSICAIS PARA PESSOAS COM TEA

Imagens retiradas do site: http://www.arasaac.org/

A seguir, iremos apresentar algumas propostas de atividades musicais que foram realizadas na pesquisa de doutorado da autora, no projeto de extensão intitulado "Musicalização e socialização para crianças e adolescentes com autismo", ofertado na Universidade Federal de São Carlos e coordenado pelos autores deste livro e nas atividades de musicalização realizadas pela autora na Associação de Apoio e Inclusão ao Autista (AIA) na cidade de Braga/Portugal.

O projeto de extensão e as aulas ministradas em Portugal tiveram a presença de crianças e adolescentes com TEA acompanhadas de seus respectivos pais. A presença da família foi o foco central dessas atividades que proporcionaram um aprendizado musical em conjunto, além de estreitar o relacionamento entre a criança/adolescente e seus pais e dar a oportunidade de as famílias se conhecerem e compartilharem momentos musicais únicos.

Alguns procedimentos da ABA são propostos para serem utilizados nas atividades a seguir, com o intuito de colaborar no aprendizado musical:

ENSINO DE MÚSICA PARA PESSOAS COM O TEA 71

■ *Reforço social*: elogios e/ou abraços fornecidos após respostas corretas nas atividades (tocar, dançar, cantar etc.).

■ *Ajuda física com esvanecimento gradual*: alguns indivíduos com TEA necessitam de ajuda física para realizarem as atividades, porém, tais ajudas devem ser esvanecidas (retiradas) conforme o indivíduo mostra autonomia para a realização delas.

■ *Tentativas discretas*: uma característica importante do ensino por tentativas discretas é a de muitas repetições das atividades, até que o indivíduo atinja o critério de aprendizagem estabelecido, proporcionando assim muitas oportunidades de respostas e de obter os reforçadores sociais (Braga-Kenyon, Kenyon e Miguel, 2005). Para muitos indivíduos com TEA, a repetição de atividades é uma importante estratégia de aprendizagem.

■ *Uso de modelação (imitação)*: importante ferramenta de ensino, pois permite a um indivíduo aprender pela observação e repetição (Lovaas, 1981).

A utilização de um ensino por tentativas discretas e o uso de reforços sociais nas aulas de música podem ter contribuído para a diminuição de comportamentos inadequados dos participantes da pesquisa de doutorado da autora, corroborando estudos como os de

Dib e Sturmey (2007), Karsten e Carr (2009), Koegel, Russo e Rincover (1977) e Sarokoff e Sturmey (2004).

Como já comentado no texto, é muito importante que as aulas de música tenham uma rotina de atividades estabelecida. Isso contribuirá para que os alunos com TEA se organizem emocionalmente, pois já sabem que a estrutura da aula possui começo, meio e fim. Sugerimos que ela se inicie com um canto de entrada, passando por duas a três atividades, um relaxamento e finalize com um canto de despedida.

Além disso, a repetição de atividades é importante, pois proporcionará que os alunos compreendam as informações musicais, sejam elas o pulso, um determinado ritmo ou sequência rítmica, a letra de uma cantiga, os movimentos de uma dança etc. O educador musical não deve se esquecer de reforçar positivamente as respostas corretas de seus educandos, seja com reforço social ou com algum item de preferência deles.

Vale ressaltar que o ambiente em que as aulas serão ministradas deve conter pouca informação visual. Uma sala com muitos objetos e instrumentos musicais pode desviar a atenção do aluno, desorganizá-lo e comprometer a qualidade da aula. Os materiais a serem utilizados nas aulas devem ser mantidos de preferência dentro de um armário fechado.

# Sugestões de Atividades

## 1. Distribuindo instrumentos musicais

    Quando for entregar instrumentos musicais para a realização de alguma atividade, o educador musical poderá escolher uma criança para ajudá-lo a realizar esta tarefa. Para ajudá-la na identificação e nomeação dos companheiros de aula, poderão ser disponibilizados no meio da roda em que as crianças estão sentadas cartões com a foto de cada uma delas. O educador musical entregará um desses cartões ao ajudante, falará o nome dessa criança e solicitará que ele a identifique entre os colegas, entregando o instrumento musical. Este procedimento poderá ser realizado em todas as aulas até que as crianças consigam identificar umas às outras.

## 2. Tocando no pulso musical e nas subdivisões do tempo — promovendo o comportamento de imitação

Para atividades cujo objetivo seja tocar no pulso musical, o educador musical poderá escolher cantigas de roda no formato A-B ou A-B-A em que haja partes cantadas e partes apenas tocadas.

■ Sentadas em roda, as crianças deverão seguir os comandos do educador musical. Nas partes cantadas irão tocar o instrumento (ex.: chocalho) e nas partes apenas tocadas, com o instrumento no chão, irão bater palmas no pulso da cantiga ou ficar em silêncio (pausa). No caso de se optar pela pausa, é importante o educador musical usar um comando que a sinalize, como as mãos fechadas/cerradas durante este período. *Importante ressaltar que os comandos devem ser claros e precisos, sendo necessário, às vezes, que haja também comandos vocais.* Algumas crianças com TEA não possuem comportamento de imitação, necessitando de ajuda física para realizar a atividade. Quando isso ocorrer, o educador musical deverá pegar nas mãos da criança e realizar a atividade com ela.

**Variação 1:** colocar as crianças em duplas, uma frente à outra. A parte das palmas será realizada com seu colega de dupla, promovendo a socialização e o contato físico, aspectos estes que muitas vezes estão comprometidos nesta população. Novamente, poderá ser necessária ajuda física para realizarem esta atividade.

■ Atividades de pulso musical poderão ser realizadas com dois instrumentos com timbres diferentes (clavas/chocalho; sininho/tambor; reco-reco/guizo). Nesse caso, a criança tocará um deles quando a cantiga estiver na parte A e o outro instrumento será tocado na parte B da cantiga. Esta forma de realizar a atividade proporcionará, com o tempo, que a criança identifique as partes da cantiga e reconheça o timbre dos instrumentos; trabalhará a coordenação motora (nas trocas de instrumentos), atenção e imitação. Novamente, poderá ser necessária ajuda física para realizarem esta atividade e os comandos devem ser bem precisos, para que as crianças entendam a dinâmica da atividade.

- Em uma atividade que contemple o pulso e a subdivisão do tempo, o educador musical poderá orientar seus alunos a tocarem a parte A de uma cantiga no pulso e a parte B na subdivisão, o que favorecerá a percepção dessas duas formas de tocar. A turma também poderá ser dividida em dois grupos, sendo que um deles irá tocar o pulso e o outro a subdivisão, alternadamente, sempre seguindo os comandos de regência do educador musical. Estes conceitos estarão sendo transmitidos aos alunos de maneira prática para, em posterior oportunidade e dependendo das características das crianças, serem devidamente teorizados.

- Nesta atividade, o educador musical irá tocar uma breve sequência rítmica no tambor/bumbo (primeiramente o pulso e, posteriormente, outras sequências rítmicas, aumentando de forma gradativa o grau de dificuldade) e pedirá para as crianças repetirem/imitarem as sequências com palmas. Repita várias vezes para que possa se certificar de que estão realizando de maneira correta e, se necessário, forneça as devidas dicas.

A seguir, a atividade pode ser tornar um pouco mais complexa. O educador musical orientará os alunos para que batam palmas, quando ele bater no tambor/bumbo, e batam os pés no chão, quando bater a baqueta na lateral do instrumento. Por serem dois sons bastante diferentes, a atividade irá trabalhar a percepção auditiva e a atenção. Se necessário, dicas de regência poderão ser usadas para ajudá-los a realizarem a atividade.

## 3. Exercícios de intensidade – Forte e fraco

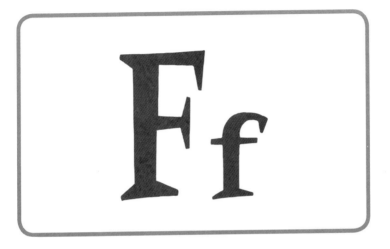

- Pensando nas mesmas atividades propostas no **item 2**, o educador musical poderá orientar seus alunos a tocarem a parte A da cantiga com intensidade "forte" e a parte B com intensidade "fraco". O educador musical deverá realizar a atividade juntamente com seus alunos para que ocorra o comportamento de imitação por parte deles, além disso, poderá utilizar dicas verbais para orientá-los no momento de tocar "forte" e "fraco". Essas mesmas atividades podem ser realizadas utilizando algum instrumento de percussão na parte

A (forte) e palmas na parte B (fraco) e vice-versa, ou poderão ser realizadas somente com palmas.

- Outra forma de realizar uma atividade que contemple o "forte" e "fraco" é fazer com que os alunos caminhem pela sala enquanto a cantiga/música está sendo tocada. O educador musical realizará a atividade juntamente com as crianças e orientará para que elas andem batendo os pés de modo bem forte e em outro momento bem fraco. O objetivo desta atividade é que os alunos sintam as diferenças de intensidade no próprio corpo. Ressalta-se que esta atividade pode exigir ajuda física para algumas crianças com TEA que ainda estão em fase de adaptação à rotina das aulas. O educador musical deverá ficar atento e pronto a ajudar a criança, caso ela se desorganize ou comece a emitir comportamentos indesejados ou que estão em desarmonia com a atividade.

## 4. Atividades de orientação espacial

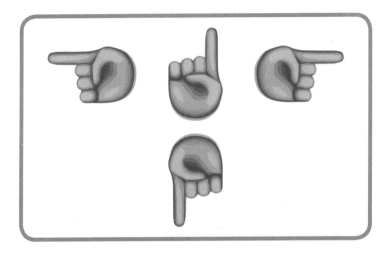

- Alguns bambolês serão posicionados ao redor da sala (não no meio) e os alunos serão orientados para que caminhem pelo meio da sala tocando um tamborzinho no pulso da cantiga. Quando o educador musical tocar um apito (ou outro instrumento), cada criança deverá entrar em um dos bambolês e parar de tocar o instrumento. O objetivo desta atividade é reconhecer os diferentes espaços que estão sendo utilizados nela (meio da sala e ao redor dela), além disso, a atividade trabalha a percepção auditiva e a atenção. Alguns alunos poderão necessitar de ajuda física para executarem a atividade até que consigam compreendê-la e realizarem de maneira independente.

- Outra proposta de atividade que contempla orientação espacial pode ser realizada com a cantiga popular "Roda da Carambola". Posicionados em pé e em roda, os alunos irão dançar/movimentar/balançar o corpo junto com a música e, quando o refrão for apresentado (*bate palma pra dentro/oi vira e bate pra fora*), eles realizarão os movimentos sugeridos pela canção, ou seja, baterão palmas para dentro da roda e, em seguida, o farão virados para o lado de fora da roda. O educador musical irá comandar a atividade batendo as palmas no ritmo do refrão. Repetições dessa atividade possibilitarão que consigam realizá-la com eficácia, pois a atividade exige bastante atenção à letra da cantiga bem como coordenação motora, visto que possui dois movimentos ao mesmo tempo: tocar o ritmo e virar o corpo na outra direção. Quando estiverem dominando a atividade, poderá ser introduzido o instrumento de percussão "clavas" que irá substituir as palmas. O efeito sonoro desse instrumento, no refrão, traz uma sonoridade bastante interessante à atividade.

Ressalta-se que o ideal é que essa atividade seja executada em pé e em roda, porém, pode ser necessário que o educador musical a realize algumas vezes com os alunos sentados em roda, para que possam compreender em qual momento deverão bater palmas ou tocar seus instrumentos.

Ao som da música "O Ovo" de autoria de Hermeto Pascoal e Geraldo Vandré (disponível em: https://youtu.be/lQGhzRkyBIU), espalhados pela sala, os alunos são convidados a caminhar livremente por ela. O educador musical decidirá quando parar a música. Neste momento, todos devem permanecer parados no lugar e em silêncio. A atividade deverá se repetir várias vezes.

**Variação 1:** Solicitar o modo de caminhar: rápido, lento.

**Variação 2:** No momento em que a música parar, o educador musical deve solicitar que apenas um participante permaneça parado no lugar e em silêncio, enquanto os outros continuam em movimento.

**Variação 3:** O educador musical pode combinar com um dos alunos para que ele faça algum som com a boca, mãos ou pés no momento da pausa, enquanto os outros permanecem parados e em silêncio. Como recurso de comunicação, pode ser utilizada uma imagem ou mesmo um comando.

**Variação 4:** O educador musical pode combinar com um dos alunos para que ele faça algum som com a boca, mãos ou pés no momento da pausa, sendo que seus colegas deverão imitar o som produzido por ele. A atividade se repete com a escolha de outros alunos.

ENSINO DE MÚSICA PARA PESSOAS COM O TEA  85

## 5. Explorando os sons do corpo

- Sugere-se para esta primeira atividade a música "7 Saltos". A cantiga, que é apenas tocada, possui um formato A-B-C que se repete sete vezes. Sentados em roda no chão, a parte A poderá ser realizada com os alunos batendo o pulso musical nas pernas, a parte B batendo palmas no ritmo apresentado e, na parte C, os alunos poderão explorar sons com a boca, possibilitando uma atividade bastante divertida. A música sugerida oportuniza a compreensão da atividade, pois é bastante repetitiva e permite ao educador musical criar vários tipos de movimentos corporais. Caso a sala possua um espelho em uma das paredes, a atividade poderá ser realizada com cada criança sentada em frente a ele, o que oportunizará uma experiência diferente para os alunos.

■ Outra sugestão de atividade poderá ser realizada com a música "Ku schi schi". Assim como a cantiga sugerida no item anterior, esta também é apenas tocada e possui várias repetições. Uma forma de realizá-la é andar pelo espaço enquanto a música está sendo tocada e, no refrão (ku schi schi), cada criança se posiciona em frente a um colega e bate palmas com este. O procedimento é repetido até o término da cantiga. Essa atividade possibilita o contato físico e visual entre as crianças. Novamente, será importante que o educador musical forneça dicas visuais ou vocais.

■ Para explorar diferentes partes do corpo (pés, joelhos, bumbum, braços, ombros e cabeça), pode-se utilizar a cantiga "Boneca de lata". Realizando os movimentos sugeridos por ela, o educador musical deverá realizá-los, primeiramente, em seu próprio corpo e solicitar para que as crianças o imitem. Provavelmente, será necessário que esta primeira etapa seja repetida algumas vezes e por algumas sessões de ensino para que, posteriormente, as crianças consigam realizá-la em seu próprio corpo. Poderá ser solicitado aos pais que façam a atividade com seus filhos em casa, para que se verifique se conseguiram generalizar o aprendizado para outros ambientes e pessoas.

# 6. Atividades de exploração sensorial e auditiva

- Escolha alguns materiais, como: areia, feijão, água, arroz, bolinhas de gude, bolinhas de metal, entre outros. Prepare-os da seguinte maneira: coloque uma parte desses materiais, separadamente, em travessas grandes para que as crianças os explorem à vontade (com as mãos e pés), e outra parte coloque em potinhos fechados para a exploração auditiva. Observe a reação de cada criança aos materiais expostos e certifique-se de retirar o que estiver ocasionando algum tipo de hipersensibilidade sensorial. Após exploração dos materiais, o educador musical solicitará que as crianças sentem em roda e irá apresentar, individualmente, o material e seu respectivo som (no potinho). Posteriormente, poderá utilizá-los em atividades musicais, por exemplo, usar o potinho que contém água em alguma cantiga que fale dela para que a criança associe a palavra "água" ao seu som respectivo.

- Outra atividade de exploração sensorial poderá ser realizada com as cantigas "Marinheiro só", "Caranguejo não é peixe" ou outra cujo tema seja o mar, o rio etc. Será providenciado um pau de chuva para cada criança, além de um lençol ou tecido bem grande. De duas em duas, as crianças serão colocadas em cima do tecido e, com a ajuda de outras pessoas (pais, professores, entre outras), serão levantadas e levemente balançadas, como se estivessem dentro de um barco navegando pelo mar/rio. Esta parte da atividade deverá ser intercalada com as crianças sentadas em cima do tecido e com seus respectivos paus de chuva. Os ajudantes irão balançar o tecido como se fossem ondas, enquanto as crianças manipulam os paus de chuva reproduzindo o som do mar/rio. A atividade também poderá ser realizada com todas as crianças sentadas bem juntas, no chão, e o educador musical e seus ajudantes irão posicionar o tecido acima da cabeça delas balançando-o verticalmente, proporcionando uma estimulação visual e tátil. Caso não seja possível contar com ajudantes para a primeira sugestão, o educador musical poderá contar com o auxílio das próprias crianças, que irão se intercalar entre ajudar e participar da atividade.

# 7. Atividades em roda

Atividades em roda utilizando cantigas do cancioneiro infantil ou popular.

■ Utilizando a cantiga "Semente de mandioca" — CD *Cantos de trabalho*, da Cia. Cabelo de Maria —, os alunos irão andar em roda de mãos dadas e, toda a vez que o refrão for cantado (*Eu vou ralar; Eu vou ralar; Eu vou ralar; Mandioca eu vou ralar*), eles irão bater palmas ou dançar com o colega que estiver do seu lado.

■ Ao som da música "O Ovo" de autoria de Hermeto Pascoal e Geraldo Vandré (disponível em: https://youtu.be/lQGhzRkyBIU), os alunos andam em roda de mãos dadas e, a critério e ao comando do educador musical, realizarão paradas ao longo da canção para executarem movimentos como: bater um dos pés no chão ou bater palmas no pulso musical; ou balançar as mãos ou girar o corpo para um lado e depois para o outro.

- Em roda e ao som da cantiga portuguesa, "Olha a bola Manel", os alunos deverão passar a bola para o colega que estiver ao seu lado. Em uma variação desta atividade, o educador musical poderá solicitar que, um de cada vez, os alunos joguem a bola para qualquer um dos colegas, sempre pronunciando o nome deste. Importante que os alunos tentem não derrubar a bola no chão.

- *Todas as atividades propostas são sugestões, podendo o educador musical realizar adaptações e trocas de músicas, movimentos, instrumentos etc.*

- *Toda ajuda física (para qualquer atividade) deverá ser esvanecida ao longo do tempo, conforme o educador musical perceba que a criança consegue realizar as atividades de forma independente.*

- *Ao término de cada atividade, os alunos deverão ser reforçados positivamente.*

# Resumo de adaptações nas atividades musicais e sessões de ensino

Permita aos alunos um contato com todos os novos materiais, equipamentos e instrumentos musicais durante a introdução de um conceito musical. Essa abordagem cinestésica, combinada com dicas visuais e auditivas, ajudará os alunos a compreender os conceitos a serem trabalhados em cada sessão de ensino.

Utilize a agenda TEACCH para indicar a sequência das atividades musicais.

Para alunos com dificuldades motoras, use tiras de velcro para prender pequenos instrumentos em suas mãos, isso facilitará o manuseio e permitirá uma participação plena nas atividades.

Codifique música ou instrumentos com cores ou símbolos para ajudar os alunos a memorizar notas ou ritmos. Um marcador ou giz colorido pode ser usado para ajudar o aluno a se concentrar em uma parte específica da música ou do livro.

Separe tarefas rítmicas e melódicas até que os alunos consigam combinar os dois.

Limite o uso de palavras que ainda não estão no vocabulário do aluno.

Ao solicitar respostas verbais para perguntas, aguarde pelo menos cinco segundos por elas. Os alunos com TEA podem precisar de um período mais longo para processar a pergunta e determinar uma resposta apropriada.

ENSINO DE MÚSICA PARA PESSOAS COM O TEA

Dependendo da gravidade do autismo, crie um assento ou área de assento especial (cadeira, bambolê ou carpete quadrado, tapete especial) para que o aluno saiba onde deverá permanecer durante a sessão de ensino.

Dependendo da gravidade do autismo, permita que o aluno participe das aulas por apenas um pequeno intervalo de tempo. Aumente esse tempo lentamente, à medida que o aluno for se acostumando à rotina das sessões de ensino.

Construir uma sequência temática (temas que trabalhem, por exemplo, água, animais, meios de transporte, plantas etc.) para cada sessão pode ser uma oportunidade de os alunos trabalharem um mesmo conteúdo sob diferentes formas, fortalecendo o aprendizado.

Prepare uma agenda TEACCH com a sequência das atividades a serem realizadas em cada sessão de ensino para aqueles alunos que necessitem desse tipo de comunicação.

Diminua ao máximo o número de informações visuais no ambiente em que serão realizadas as sessões de ensino.

Forneça dicas visuais, gestuais e/ou vocais e ajuda física total e/ou parcial toda vez que necessário.

# Referências

ALHO, K. *et al.* Event-related brain potential of human newborns to pitch change of an acoustic stimulus. *Electroencephalografhy and Clinical Neurophysiology*, v. 77, n. 2, p. 151-55, 1990.

ALVES, N. A.; VIEIRA, M. H.; SERRANO, A. M. Educação musical na intervenção precoce. *Inclusão*, v. 10, p. 29-38, 2010.

AMERICAN PSYCHIATRIC ASSOCIATION (APA). *Diagnostic and Statistical Manual of Mental Disorders*: DSM-IV. 4. ed. Washington, DC, 1994.

_____. *Diagnostic and Statistical Manual of Mental Disorders*: DSM-IV-TR. 4. ed. (text revision). Washington, DC, 2000.

_____. *Diagnostic and Statistical Manual of Mental Disorders*: DSM-5. Tradução de Maria Inês Corrêa Nascimento *et al.* Revisão técnica de Aristides Volpato Cordioli *et al.* Porto Alegre: Artmed, 2014.

ANDERSON, S. R.; TARAS, M.; CANNON, B. O. Teaching new skills to young children with autism. In: MAURICE, C.

(Org.). *Behavioral intervention for young children with autism*. Austin: Pro-Ed, 1996.

ASNIS, V. P. *Relações entre habilidades musicais e habilidades sociais em pessoas com síndrome de Williams*: perspectivas e limitações. 2014. Dissertação (Mestrado) — Programa de Pós-graduação em Educação Especial, Universidade Federal de São Carlos, São Carlos.

BAER, D. M.; WOLF, M. M.; RISLEY, T. R. Some current dimensions of applied behavior analysis. *Journal of Applied Behavior Analysis*, v. 1, p. 91-7, 1968.

BAILEY, J. A.; ZATORRE, R. J.; PENHUNE, V. B. Early musical training is linked to gray matter structure in the ventral premotor cortex and auditory — motor rhythm synchronization performance? *Journal of Cognitive Neuroscience*, v. 26, n. 4, p. 755-67, 2014.

BAIO, J. Prevalence of autism spectrum disorder among children aged 8 years. Autism and Developmental Disabilities Monitoring Network, 11 Sites, United States. Center for Disease Control and Prevention, v. 63, p. 1-24, 2014.

BARBARESI, W. J.; KATUSIC, S. K.; VOIGT, R. G. Autism: a review of the state of the science for pediatric primary health care clinicians. *Archive of Pediatric and Adolescent Medicine*, v. 160, n. 11, p. 1167-75, 2006.

BARBOSA, M. R. P.; FERNANDES, F. D. M. Qualidade de vida dos cuidadores de crianças com transtorno do espectro autístico. *Revista da Sociedade Brasileira de Fonoaudiologia*, v. 14, n. 3, p. 482-8, 2009.

BERMUDEZ, P. *et al.* Neuroanatomical correlates of musicianship as revealed by cortical thickness and voxel-based morphometry. *Cerebral Cortex*, v. 19, n. 7, p. 1583-96, 2009.

BIJOU, S. W.; GHEZZI, P. M. The behavior interference theory of autistic behavior in young children. *In*: GHEZZI, P. M.; WILLIAMS, W. L.; CARR, J. E. (Eds.). *Autism: behavior analytic perspectives*. Reno: Context Press, 1999. p. 33-43.

BLESZYNSKI, J. J. Speech of people with autism. *The New Educational Review*, v. 18, n. 2, p. 119-37, 2009.

BLEULER, E. *Dementia Praecox ou o Grupo das Esquizofrenias*. Edição portuguesa. Lisboa: Climepsi Editores, 2005[1911].

BONDY, A.; FROST, L. The picture exchange communication system. *Behavior Modification*, v. 25, n. 5, p. 725-44, 2001.

BRAGA-KENYON, P.; KENYON, S. E.; MIGUEL, C. F. Análise Comportamental Aplicada (ABA) — Um modelo para a educação especial. *In*: CAMARGOS, Walter Júnior (org.). *Transtornos Invasivos do Desenvolvimento*: 3º milênio. Departamento de Promoção dos Direitos Humanos, 2005.

BRASIL. *Linha de cuidado para a atenção às pessoas com transtornos do espectro do autismo e suas famílias na Rede de Atenção Psicossocial do Sistema Único de Saúde*. Ministério da Saúde, Secretaria de Atenção à Saúde, Departamento de Atenção Especializada e Temática. Brasília: Ministério da Saúde, 2015.

CAMARGO, S. P. H.; RISPOLI, M. Análise do comportamento aplicada como intervenção para o autismo: definição, características e pressupostos filosóficos. *Revista Educação Especial*, v. 26, n. 47, p. 639-50, 2013.

CAMPOS, B. C. V. de *et al*. Qualquer tipo de música altera a conectividade cerebral? *Nanocell News*, v. 2, n. 16, DOI: 10.15729/nanocellnews.2015.08.17.006, 2015.

CARDON, T. A. Teaching caregivers to implement video modeling imitation training via iPad for their children with autism. *Research in Autism Spectrum Disorders*, v. 6, n. 4, p. 1389-1400, 2012.

CARR, J. E.; LEBLANC, L. A. A comment on Drash and Tudor's (2004) operant theory of autism. *The Analysis of Verbal Behavior*, v. 20, p. 25-9, 2004.

CATANIA, A. C. *Aprendizagem*: comportamento, linguagem e cognição. Tradução de Deyse das Graças de Souza *et al*. 4. ed. Porto Alegre: Artmed, 1999.

COX, D. K. Suzuki, Chorally speaking. *Music Educators Journal*, v. 71, n. 9, p. 43-5, 1985.

DIB, N.; STURMEY, P. Reducing student stereotypy by improving teachers' implementation of discrete-trial teaching. *Journal of Applied Behavior Analysis*, v. 40, n. 2, p. 339-43, 2007.

DRASH, P. W.; TUDOR, R. M. An analysis of autism as a contingency-shaped disorder of verbal behavior. *The Analysis of Verbal Behavior*, v. 20, p. 5-23, 2004.

EIKESETH, S. *et al*. Intensive behavioral treatment at school for 4- to 7-year-old children with autism: A 1-year comparison controlled study. *Behavior Modification*, v. 26, n. 1, p. 49-68, 2002.

EVARISTO, F. L.; ALMEIDA, M. A. Benefícios do programa PECS adaptado para um aluno com paralisia cerebral. *Revista*

*Brasileira de Educação Especial*, Marília, v. 22, n. 4, p. 543-58, out./dez. 2016.

FAZZI, E. *et al*. Stereotyped behaviours in blind children. *Brain & Development*, v. 21, n. 8, p. 522-28, 1999.

FERNANDES, R. M. M. *Narrativas docentes sobre o método TEACCH*: o autismo na gestão do conhecimento. 2014. Dissertação (Mestrado Profissional) — Programa de Pós-graduação em Gestão em Organizações Aprendentes, Universidade Federal da Paraíba, João Pessoa.

FERSTER, C. B. Positive reinforcement and the behavioral deficits of autistic children. *Child Development*, v. 32, p. 437-56, 1961.

FISHER, W. W.; PIAZZA, C. C.; ROANE, H. S. *Handbook of applied behaviour analysis*. New York/London: The Guilford Press, 2014.

FOMBONNE, E. *et al*. Pervasive developmental disorders in Montreal, Quebec, Canada: prevalence and links with immunizations. *Pediatrics*, v. 118, p. 139-50, 2006.

GADIA, C. A.; TUCHMAN, R.; ROTTA, N. T. Autismo e doenças invasivas de desenvolvimento. *J. Pediatr. (Rio J.)*, Porto Alegre, v. 80, n. 2, p. 83-94, 2004.

GIARDINETTO, A. R. dos S. B. *Comparando a interação social de crianças autistas*: as contribuições do programa TEACCH e do currículo funcional natural. 2005. Dissertação (Mestrado) — Programa de Pós-graduação em Educação Especial, Universidade Federal de São Carlos, São Carlos.

GIRODO, C. M.; DAS NEVES, M. C. L.; CORREA, H. Aspectos neurobiológicos e neuropsicológicos do autismo. *In*: FUENTES, D. *et al*. *Neuropsicologia*: teoria e prática. Porto Alegre: Artmed, 2008. p. 187-206.

HAMMEL, A. M.; HOURIGAN, R. M. *Teaching music to students with autism*. Oxford: Oxford University Press, 2013.

HARRIS, K. M.; MAHONE, E. M.; SINGER, H. S. Nonautistic motor stereotypies: clinical features and longitudinal follow--up. *Pediatric Neurology*, v. 38, n. 4, p. 267-72, 2008.

HEWARD, C. H. *Applied behaviour analysis*. 2. ed. London: Pearson New International Edition, 2014.

HOURIGAN, R.; HOURIGAN, A. Teaching music to children with autism: understandings and perspectives. *Music Educators Journal*, v. 96, n. 1, p. 40-5, 2009.

HOWARD, J. S. *et al*. Comparison of behavior analytic and eclectic early interventions for young children with autism after three years. *Research in Developmental Disabilities*, v. 35, n. 12, p. 3326-44, 2014.

ILARI, B. S. Bebês também entendem de música: a percepção e a cognição musical no primeiro ano de vida. *Revista da ABEM*, v. 10, n. 7, p. 83-90, 2002.

INUI, T.; KUMAGAYA, S.; MYOWA-YAMAKOSHI, M. Neu-rodevelopmental hypothesis about the etiology of autism spectrum disorders. *Journal Frontiers in Human Neuroscience*, v. 11, p. 354, 2017.

JÄNCKE, L. Music, memory and emotion. *Journal of Biology*, v. 7, n. 21, p. 1-7, 2008.

KAIKKONEN, M.; PETRAŠKEVIČA, A.; VÄINSAR, S. *The project music for all. Improving access to music education for people with special needs.* Letônia: Education, Culture and Sports Department of Riga City Council, 2011.

KANNER, L. Autistic disturbances of affective contact. *Nervous Child*, v. 2, p. 217-50, 1943.

KARSTEN, A. M.; CARR, J. E. The effects of differential reinforcement of unprompted responding on the skill acquisition of children with autism. *Journal of Applied Behavior Analysis*, v. 42, n. 2, p. 327-34, 2009.

KELLEY, M. E.; LERMAN, D. C.; VAN CAMP, C. M. The effects of competing reinforcement schedules on the acquisition of functional communication. *Journal of Applied Behavior Analysis*, v. 35, n. 1, p. 59-63, 2002.

KLEBER, B. *et al.* The brain of opera singers: experience-dependent changes in functional activation. *Cerebral Cortex*, v. 20, n. 5, p. 1144-52, 2010.

_____ *et al.* Experience-dependent modulation of feedback integration during singing: role of the right anterior insula. *The Journal of Neuroscience*, v. 33, n. 14, p. 6070-80, 2013.

KODAK, T.; GROW, L. Behavioral treatment of autism. *In*: FISHER, W. W.; PIAZZA, C. C.; ROANE, H. S. *Handbook of applied behaviour analysis.* New York/London: The Guilford Press, 2014.

KOEGEL, L. K.; VALDEZ-MENCHACA, M. C.; KOEGEL, R. L. Autism: social communication difficulties and related behaviors. *In*: VAN HASSELT, V. B.; HERSEN, M. (Eds.). *Advanced abnormal psychology*. New York: Plenum Press, 1994. p. 165-87.

KOEGEL, R. L.; RUSSO, D. C.; RINCOVER, A. Assessing and training teachers in the generalized use of behavior modification with autistic children. *Journal of Applied Behavior Analysis*, v. 10, n. 2, p. 197-205, 1977.

KUSHNERENKO, E. *et al*. Event-related potential correlates of sound duration: similar pattern from birth to adulthood. *NeuroReport: For Rapid Communication of Neuroscience Research*, v. 12, n. 17, p. 3777-81, 2001.

LOTTER, V. Epidemiology of autistic conditions in young children. I: Prevalence. *Social Psychiatry*, v. 1, p. 124-37, 1966.

LOURO, V. *Educação musical e deficiência*: propostas pedagógicas. São José dos Campos: Edição do Autor, 2006.

LOVAAS, O. I. *Teaching developmentally disabled children*. Baltimore: University Park Press, 1981.

_____. *Teaching individuals with developmental delays*: basic intervention techniques. Austin: Pro-Ed, 2003.

_____; SMITH, T. A comprehensive behavioral theory of autistic children: paradigm for research and treatment. *Journal of Behavior Therapy and Experimental Psychiatry*, v. 20, n. 1, p. 17-29, 1989.

MACDONALD, M.; LORD, C.; ULRICH, D. The relationship of motor skills and adaptive behavior skills in young children with autism spectrum disorders. *Research in Autism Spectrum Disorder*, v. 7, n. 11, p. 1383-90, 2013.

MALHOTRA, S. *et al*. Effects of picture exchange communication system on communication and behavioral anomalies in autism. *Indian Journal of Psychological Medicine*, v. 32, n. 2, p. 141-3, 2010.

MARTIN, G.; PEAR, J. *Modificação de comportamento*: o que é e como fazer. Tradução de Noreen Campbell de Aguirre. Revisão científica de Hélio José Guilhardi. 8. ed. São Paulo: Roca, 2009.

MCCORD, K. Improvisation as communication: students with communication disabilities and autism using call and response on instruments. *Australian Journal of Music Education*, v. 2, p. 17-26, 2009.

MILLER, S. A.; RODRIGUEZ, N. M.; ROURKE, A. J. Do mirrors facilitate acquisition of motor imitation in children diagnosed with autism? *Journal of Applied Behavior Analysis*, v. 48, n. 1, p. 1-5, 2015.

MINISTÉRIO DA SAÚDE. *Linha de cuidado para a atenção integral às pessoas com transtorno do espectro autista e suas famílias no Sistema Único de Saúde*. Série A. Normas e Manuais Técnicos, 2013. Disponível em: http://www.saudedireta.com.br/docsupload/1386068946autismo_parte_001.pdf. Acesso em: 25 maio 2019.

MINK, J. W.; MANDELBAUM, D. E. Estereotipias e comportamentos repetitivos: avaliação clínica e base cerebral. *In*: TUCHMAN, Roberto; RAPIN, Isabele. *Autismo*: abordagem neurobiológica. Tradução de Denise Regina de Sales. Porto Alegre: Artmed, 2009.

MODY, M.; BELLIVEAU, J. W. Speech and language impairments in autism: insights from behavior and neuroimaging. *North American Journal of Medicine & Science*, v. 5, n. 3, p. 157-61, 2013.

NENO, S. Análise funcional: definição e aplicação na terapia analítico-comportamental. *Revista Brasileira de Terapia Comportamental e Cognitiva*, v. 5, n. 2, p. 151-65, 2003.

PAULA, C. S. *et al*. Brief report: prevalence of pervasive developmental disorder in Brazil: a pilot study. *Journal of Autism and Developmental Disorders*, v. 41, n. 12, p. 1738-42, 2011.

PÉTER, Z.; OLIPHANT, M. E.; FERNANDEZ, T. V. Motor stereotypies: a pathophysiological review. *Frontiers in Neuroscience*, v. 11, n. 171, p. 1-6, 2017.

RAYNER, C. Teaching students with autism to tie a shoelace knot using video prompting and backward chaining. *Developmental Neurorehabilitation*, v. 14, n. 6, p. 339-47, 2011.

REEVE, K. F.; TOWNSEND, D. B.; POULSON, C. L. Establishing a generalized repertoire of helping behavior in children with autism. *Journal of Applied Behavior Analysis*, v. 40, n. 1, p. 123-136, 2007.

SAROKOFF, R. A.; STURMEY, P. The effects of behavioral skills training on staff implementation of discrete-trial teaching. *Journal of Applied Behavior Analysis*, v. 37, n. 4, p. 535-8, 2004.

SAULNIER, C.; QUIRMBACH, L.; KLIN, A. Avaliação clínica de crianças com transtorno do espectro do autismo. *In*: SCHWARTZMANN, José Salomão; ARAÚJO, Ceres Alves de. (Coords.). *Transtorno do Espectro do Autismo — TEA*. São Paulo: Memnon, 2011.

SCHECHTER, R.; GRETHER, J. K. Continuing increases in autism reported to California's Developmental Services System: Mercury in retrograde. *Archive of General Psychiatry*, v. 65, n. 1, p. 19-24, 2008.

SCHOPLER, E. Implementation of TEACCH philosophy. *In:* COHEN, D. J.; VOLKMAR, F. R. (Eds.). *Handbook of autism and pervasive developmental disorders*. 2. ed. New York: John Wiley & Sons, 1997. p. 767-95.

SKINNER, B. F. *Ciência e comportamento humano*. Tradução de João Carlos Todorov, Rodolfo Azzi. 11. ed. São Paulo: Martins Fontes, 2003. (Trabalho original publicado em 1953.)

SPRADLIN, J. E.; BRADY, N. C. Early childhood autism and stimulus control. *In:* GHEZZI, P. M.; WILLIAMS, W. L.; CARR, J. E. (Eds.). *Autism:* behavior analytic perspectives. Reno: Context Press, 1999. p. 49-65.

STEELE, C. J. *et al.* Early musical training and white-matter plasticity in the corpus callosum: evidence for a sensitive period. *The Journal of Neuroscience*, v. 33, n. 3, p. 1282-90, 2013.

STEFANICS, G. *et al.* Auditory temporal grouping in newborn infants. *Psychophysiology*, v. 44, n. 5, p. 697-702, 2007.

STELZER, F. G. Aspectos neurobiológicos do autismo. *Cadernos Pandorga de Autismo*, São Leopoldo: Associação Mantenedora Pandorga, v. 2, 2010.

STERPONI, L.; SHANKEY, J. Rethinking echolalia: repetition as interactional resource in the communication of a child with autism. *Journal of Child Language*, v. 41, n. 2, p. 275-304, 2014.

STEVENSON, M. T.; GHEZZI, P. M.; VALENTON, K. G. FCT and delay fading for development with a child with autism. *Behaviour Analysis Practice*, v. 9, n. 2, p. 169-73, 2016.

TAGER-FLUSBERG, H.; PAUL, R.; LORD, C. Language and communication in autism. *In*: VOLKMAR, F. R. *et al.* (Eds.). *Handbook of autism and pervasive developmental disorders*. 3. ed. Hoboken: John Wiley & Sons, 2005. p. 335-64.

TEITELBAUM, P. *et al.* Movement analysis in infancy may be useful for early diagnosis of autism. *Psychology*, v. 95, n. 230, p. 13982-7, 1998.

THAUT, M. H. Measuring musical responsiveness in autistic children: a comparative analysis of improvised musical tone sequences of autistic, normal, and mentally retarded individuals. *Journal of Autism Developmental Disorders*, v. 18, n. 4, p. 561-71, 1988.

TORDJMAN, S. *et al.* Reframing autism as a behavioral syndrome and not a specific mental disorder: perspectives from a literature review. *Neuroscience and Biobehavioral Reviews*, v. 80, p. 210-29, 2017.

WILLEMS, E. *As bases psicológicas da educação musical*. Edição patrocinada pela Fundação Calouste Gulbenkian. Lisboa, 1970.

WING, L. The continuum of autistic disorders. *In*: SCHOPLER, E.; MESIHOV, G. M. (Eds.). *Autism: diagnosis and assessment*. New York: Plenum, 1988. p. 91-110.

WING, L.; GOULD, J. Severe impairments of social interaction and associated abnormalities in children: epidemiology and classification. *Journal of Autism and Developmental Disorders*, v. 9, p. 11-29, 1979.

WINKLER, I. *et al.* Newborn infants detect the beat in music. *Proceedings of the National Academy of Sciences of the United States of America*, v. 106, n. 7, p. 2468-71, 2009.

ZAQUEU, L. C. C. *et al*. Associações entre sinais precoces de autismo, atenção compartilhada e atrasos no desenvolvimento infantil. *Psicologia: Teoria e Pesquisa*, v. 31, n. 3, p. 293-302, 2015.

ZWAIGENBAUM, L.; BRYSON, S.; ROGERS, T. Behavioral manifestations of autism in the first year of life. *International Journal of Developmental Neuroscience*, v. 23, n. 2-3, p. 143-52, 2005.

## LEIA TAMBÉM

**EDUCAÇÃO MUSICAL A DISTÂNCIA**
abordagens e experiências

Daniel Marcondes Gohn

1ª edição (2011)
*232 páginas*
*ISBN 978-85-249-1738-7*

 Neste livro o autor investiga processos de ensino e aprendizagem da música que ocorrem sem que professor e aluno dividam um mesmo espaço tempo-físico. O autor dá exemplos de cursos on-line de música, apontando especificidades para diferentes áreas do estudo musical. Experiências no curso de Licenciatura em Educação Musical da UAB-UFSCar são detalhadas, tendo como foco central uma disciplina que trabalha com instrumentos de percussão. O livro é destinado a pesquisadores e professores com interesse nas artes e na educação a distância, assim como a estudantes e profissionais de áreas relacionadas à música, buscando novos caminhos para a educação musical.

**GRÁFICA PAYM**
Tel. [11] 4392-3344
paym@graficapaym.com.br